FAMA

Um olhar psicanalítico sobre a busca incessante pelos holofotes

Andrea Cristiane Vaz

FAMA

Um olhar psicanalítico sobre a busca incessante pelos holofotes

© 2013 Casapsi Livraria e Editora Ltda.
É proibida a reprodução total ou parcial desta publicação, para qualquer finalidade,
sem autorização por escrito dos editores.

Editor: *Ingo Bernd Güntert*
Gerente Editorial: *Fabio Melo*
Coordenadora Editorial: *Marcela Roncalli*
Assistente Editorial: *Cíntia de Paula*
Produção Editorial: *Casa de Ideias*

Dados Internacionais de Catalogação na Publicação (CIP)
Angélica Ilacqua CRB-8/7057

Vaz, Andrea Cristiane
  Fama: um olhar psicanalítico sobre a busca incessante pelos holofotes / Andrea Cristiane Vaz. – São Paulo : Casa do Psicólogo, 2013.

ISBN 978-85-8040-175-2

1. Psicanálise 2. Fama 3. Narcisismo 4. Superego 5. Idealização da fama I. Título

13-0005   CDD 306.4

Índices para catálogo sistemático:
1. Fama – aspectos psicológicos

Impresso no Brasil
Printed in Brazil

As opiniões expressas neste livro, bem como seu conteúdo, são de responsabilidade de seus autores, não necessariamente correspondendo ao ponto de vista da editora.

Reservados todos os direitos de publicação em língua portuguesa à

Casapsi Livraria e Editora Ltda.
Rua Simão Álvares, 1020
Pinheiros • CEP 05417-020
São Paulo/SP – Brasil
Tel. Fax: (11) 3034-3600
www.casadopsicologo.com.br

Com carinho,
para Terezinha, Alda e Norberto.

"Oh, que bom será! Chegarei com dinheiro, ficarei contigo muito tempo e hei de trazer-te coisas muito belas. Seguirei viagem, irei à Paris e tornar-me-ei um grande sábio e regressarei à Viena com uma grande, grande fama e em seguida nos casaremos e curarei todos os doentes nervosos incuráveis."[1]

---

[1] Trecho traduzido do espanhol: "Oh, qué maravilloso va ser todo! Llegaré ahí con dinero, estaré contigo durante mucho tiempo y te llevaré algún bonito regalo. Seguiré viaje, iré a París y me convertiré en un gran erudito, y más tarde regresaré a Viena con un enorme halo y en seguida nos casaremos, y curaré todos los casos nerviosos incurables" (carta de Sigmund Freud a sua noiva Martha Bernays de 20/06/1885 — Sigmund Freud epistolario, 1974, p. 142).

Apresentação

Este livro é resultado de minha dissertação de mestrado, intitulada "Tudo pela fama: idealizações narcísicas na contemporaneidade", desenvolvida na Universidade de Brasília. Uma das coisas que me instigaram a pesquisar o fenômeno "fama" foi a grande atenção dispensada às pessoas famosas, que chegam a inúmeras capas de revistas e programas televisivos e são alvo de *paparazzi*. E isso ocorre justamente porque as pessoas valorizam e se interessam por aqueles que são famosos, independentemente de como alcançaram o sucesso.

Além disso, há uma incoerência, que eu acho muito interessante, entre aqueles que são famosos sem esforço, talento ou empenho profissional e aqueles que não são famosos, mesmo tendo contribuído muito para a sociedade, como inventores ou cientistas.

Outra coisa que me chama a atenção é o esforço que diversas pessoas fazem para "aparecer" nos diversos *reality shows*, programas de TV ou mesmo na Internet, como o YouTube, Facebook ou blogs. O Facebook, por exemplo, é frequentemente utilizado como ferramenta de superexposição.

10 FAMA

A descrição do perfil pessoal e as fotos mostradas exprimem uma exaltação pessoal. Muitas vezes, descreve-se e expõe-se em fotos uma imagem idealizada, reproduzindo comportamentos de celebridades. Os blogs, para muitas pessoas, servem simplesmente como meio de falar de si próprio, comunicar suas experiências, abrir sua vida íntima e autodivulgar-se. Seu fim parece ser a busca de alguma visibilidade social e certo grau de exposição de sucesso pessoal. Vários dos entrevistados no trabalho que deu origem a este livro assumiram utilizar-se desses meios como forma de marketing pessoal e manipular os dados, os quais, muitas vezes, são inventados para atrair a atenção do público internauta.

Ao pensar a respeito, percebo como é difícil ser ou sentir-se valorizado vivendo como um simples anônimo, o que, a meu ver, é o sentimento de muitos na sociedade atual, na qual só é apreciado aquele que aparece, que está em evidência. É aquela ideia de que "Tudo o que é bom aparece", expressa por muitos de meus entrevistados. Assim, de maneira oposta, se não aparece é porque não é bom.

Atualmente, nos parece que as pessoas desejam conquistar sua individualidade, mostrar-se únicas, autênticas, autônomas. Sobretudo, como forma de afirmação da identidade, há a necessidade de reconhecimento e de admiração, oferecidos em sua melhor forma por meio da conquista da fama.

A fama, neste livro, é referida como a imagem de sucesso da contemporaneidade, a forma pela qual se vislumbra a possibilidade de encarnar os ideais de perfeição, um meio de sentir-se especial, diferente dos demais e adquirir um lugar de reconhecimento que permita destaque da massa.

No entanto, é importante lembrar que mesmo o sucesso profissional pode mostrar-se similar à "fama pela fama", quando as pessoas vivem esse sucesso como uma necessidade para o ego, quando percorrem esse caminho objetivando primordialmente a fama, e não um bom desempenho profissional. Reconheço que existam inúmeras razões para uma pessoa querer ser famosa, como o dinheiro, por exemplo; entretanto, neste livro me propus a discutir somente a fama pela fama, ou seja, o desejo de ser especial e ter destaque na sociedade. Aqui, a ideia é compreender o que o indivíduo está nos dizendo quando demonstra que necessita de atenção e reconhecimento público extraordinários; quando deseja a fama pela fama.

Sumário

Introdução 15

PARTE 1 – Um pouco de fama

Capítulo 1 – A cultura da fama 25

A fama 25

A conquista da fama 37

Formas da fama e realidade espetacularizada 43

A sociedade de massas e o vazio das individualidades 60

As imagens, a estetização do eu e o imperativo
da felicidade 70

Capítulo 2 – Contribuições da psicanálise à compreensão do
desejo de fama 81

Sentimento de existência e identidade 81

Narcisismo e formação de ideais 91

Identificação e idealização 97

O ser especial e a realidade 104

O desejo de reconhecimento e a busca pelos ideais 113

Os deveres e o *superego* 124

14 FAMA

Parte **2** – Experienciando o fenômeno *fama*

Capítulo 3 – Quero ser famoso 137

Momento I – Conhecendo os entrevistados 138

Momento II – A idealização da fama e o desejo da
imagem ideal 142

O outro 149

O olhar do outro 156

Ser tudo ✕ não ser nada.. 160

Se "fazer" por si mesmo 175

Ambiguidade narcísica 183

Considerações finais 193

Referências... 205

Introdução

A PSICANÁLISE

Em psicanálise, costuma-se dizer que todo ser humano busca sua unicidade e o sentimento de ser especial como formadores da noção do próprio eu e da autoestima. Cerca--se do universo simbólico e apoia-se nele para confirmar a si mesmo e continuar acreditando que é um ser único, diferente dos demais e, por isso, especial.

No livro *Sobre o narcisismo: uma introdução*, Freud (1914/1974) afirma que esse sentimento de perfeição, de ser especial surge numa fase que ele chamou de "narcisismo primário". Nessa fase, o bebê tem toda a sua libido voltada para si mesmo, imaginando-se integrado e perfeito em seu narcisismo; essa imagem é criada e mantida pelo olhar da mãe, voltado para seu bebê. Há uma vivência ilusória de amor e admiração irrestritos; basta existir para ser amado. Desse modo, o bebê passa a acreditar em sua autossuficiência.

Essa imagem perfeita de si mesmo, vivida no narcisismo primário, foi definida por Freud como ego ideal. O autor afirma que, uma vez constituída a imagem perfeita de si, esta será sempre requerida ao longo da vida como uma necessidade de satisfação narcísica. A relação de amor consigo mesmo aí instaurada será buscada por meio de um retorno à ilusão narcísica de ser perfeito, ou seja, se buscará o ego ideal.

O sentimento próprio de que o indivíduo é importante é abalado quando estabelece contato com as demais pessoas que o cercam e com a sociedade de modo geral. A realidade o confronta com a percepção de que ele não pode ser tudo aquilo que deseja e mostra que é simplesmente humano, assim como qualquer outro semelhante. Freud (1920/1976) denomina princípio da realidade o momento em que o ser humano se depara com esse "real" que barra a satisfação de seus desejos mais arcaicos.

Em *O mal-estar na civilização*, de Freud (1930 [1929]/ 1974), encontra-se como tema principal o antagonismo irremediável entre as exigências pulsionais e as restrições da civilização. Freud explicita que a civilização traz em si o princípio da realidade, impedindo ou adiando a satisfação dos desejos. A realidade é vista como a origem do sofrimento, de forma que um dos modos de reagir a isso é romper com a realidade para ser feliz, criando satisfações através de ilusões, como a ilusão de que se é especial e diferente dos demais.

Para fugir da realidade que gera sofrimento, Freud (1930 [1929]/1974) aponta para a tentativa do ser humano de tornar-se autossuficiente, buscando satisfação em si mesmo como um dos caminhos possíveis. O ser humano busca atentar-se ao próprio eu, como uma forma de lidar com as decepções, frustrações e sofrimentos no contato com a realidade. Assim, alivia o sofrimento.

O PÚBLICO E O PRIVADO

Na sociedade contemporânea, é notória a crescente exaltação do ser individual, que investe cada vez mais em si mesmo como forma de se fazer diferente e especial. Conforme descrita por Richard Sennett (1974/1998), a sociedade atual edifica-se como uma sociedade de massas, na qual vive-se em meio a multidões de desconhecidos e em que os laços íntimos das relações familiares mostram-se cada vez mais desestruturados. O autor aponta para uma reconfiguração das esferas pública e privada na atualidade. Os laços afetivos e a vida íntima expõem-se à vida pública da multidão massificada. Estranhos são aqueles com quem o indivíduo convive na vida social, porém a eles abre sua intimidade. Lipovetsky (1983/2005) afirma que o excesso das possibilidades de ser, oferecido na cultura de hoje, faz emergir um indivíduo voltado para a construção de sua individualidade e para diferenciação de si em relação à massa. As transformações da intimidade e o valor dado às individualidades constroem a atual sociedade de forma a supervalorizar a si mesmo e desejar ser valorizado pelo outro; para isso, é preciso mostrar-se a esse outro. Christopher Lasch (1979/1983), em *A cultura do narcisismo: a vida americana numa era de esperanças e declínio*, situa o homem contemporâneo como um indivíduo narcisista, oprimido pela cultura do individualismo competitivo. Ele afirma que o modo capitalista estimula a crescente glorificação das

18 FAMA

individualidades, que o ser humano busca investir em si mesmo como uma forma de sobrevivência. O capitalismo dá ao indivíduo a responsabilidade por seu sucesso ou por seu fracasso. Acredita-se que a possibilidade de se tornar uma pessoa de sucesso está ao alcance de todos; assim, cada pessoa deve obter conquistas por seus esforços pessoais. O indivíduo detém o poder de escolha daquilo que deseja ser; buscar aquilo que quer depende diretamente de seu empenho e de sua capacidade. Nessa sociedade competitiva, o desvalor em relação aos outros torna-se mais evidente, uma vez que há uma perda dos laços sociais mais próximos, o que mantém o indivíduo em um lugar de importância para o outro. Para alguns indivíduos, a fama torna-se uma saída bem adaptada à reafirmação da importância de seu ser, uma forma de garantia da própria identidade e do sentir-se existir. Eles desejam obter a atenção do público, que lhes dirige um olhar de admiração e lhes faz sentir especiais, diferentes e acima da massa populosa; desejam conquistar a fama e tornar-se celebridades.

Esses indivíduos anseiam por uma imagem de perfeição, projetando, nos modelos ideais, a dádiva da plenitude e da felicidade eterna quando alcançam tal imagem idealizada e admirada por todos. É notória a crescente busca dos indivíduos por atenção e sucesso na mídia, ou seja, a fama que, na sociedade contemporânea capitalista, representa o máximo do sucesso individual, reconhecimento social e exaltação do ser. Parece ser a forma plena de realização na sociedade atual.

A excitação propiciada pela visibilidade e pela admiração pública parece ser o principal patrimônio atual para muitos indivíduos. O aparecimento na mídia e o status organizam as posições de certos indivíduos, ressignificando o espaço social ocupado por eles a partir do grau de visibilidade e do reconhecimento que possam vir a ocupar. Os indivíduos tendem a investir em si mesmos, na busca de aparência para poder existir socialmente. Evidencia-se o existir estreitamente interligado ao aparecer. O filósofo francês Guy Debord (1967/1997) afirma que, nas sociedades modernas, a vida reina sob a forma de espetáculo.

CELEBRIDADE INSTANTÂNEA

A introdução de um novo gênero televisivo está mudando os conceitos de celebridade conhecidos até então. Nos *reality shows*[1], que surgiram nas TVs do mundo todo nos últimos dez anos, com os mais diferentes formatos, observa-se a crescente importância dada ao sentir-se especial, o que leva os indivíduos à necessidade de serem observados e admirados por outros. Tudo aquilo que se faz cotidianamente torna-se especial quando é objeto do olhar do outro.

As celebridades sempre tiveram suas vidas privadas tornadas públicas. As mínimas atividades cotidianas contam

---

[1] Programas de televisão que envolvem a transmissão de imagens da vida "privada" de um grupo de pessoas convivendo confinadas num mesmo ambiente. Os participantes são submetidos a competições e, ao final, o ganhador recebe um prêmio. Esses programas mostram o dia a dia de pessoas ditas "normais", ou seja, daquelas até então desconhecidas do grande público e que imediatamente tornam-se famosas, objeto de fofoca, dos flashes de paparazzi, alvo de olhares curiosos.

com um grande interesse do público, devido a uma admiração exacerbada pelo fato de elas serem figuras idealizadas. Hoje, encarnar essa figura tornou-se acessível à grande massa da população, por meio da participação nos *reality shows*. Muitos indivíduos buscam tornar-se a imagem admirada e desejada por todos.

Um aspecto interessante a ser pensado, e que pode ser observado nesse tipo de programa, é o fato de que ele se pauta por disputas e competições constantes. A ênfase é dada ao indivíduo, que faz de tudo para sobressair aos outros e conquistar o público por sua beleza, simpatia, inteligência ou carisma, de forma a permanecer, através do voto, e ganhar o prêmio ao final do programa; além disso, obtém status de fama e celebridade, o que, muitas vezes, é o mais importante. Desse modo, observa-se que o lugar almejado é um lugar único de favoritismo absoluto e predileção pelo público, de alguém diferenciado dos demais. Por meio da exibição na mídia, essa valoração narcísica passa a fazer parte do que constitui o imaginário social.

Já se observa que as pessoas que saem desses programas como celebridades não necessariamente têm alguma capacidade intelectual, habilidade ou talento que justifique a conquista de reconhecimento público. Muitas delas ganham fama simplesmente por permitirem que sua intimidade se torne pública, constituindo-se objeto de projeção dos desejos de quem as acompanha, assim como acontece nas telenovelas. Os *reality shows* atribuem status aos participantes e produzem celebridades independentemente de suas capacidades. A celebração do indivíduo se resume em exaltar a figura de sucesso produzida por esses programas.

Esse tipo de programa tem suscitado diversas reflexões, como a de Jabor (2002), que, em sua crônica, supõe que o desejo humano de reconhecimento vem sendo incessantemente estimulado pela mídia, instaurando-se como uma necessidade. O autor afirma que há no ser humano um desejo de "existir" que seria assegurado quando há o reconhecimento do outro, sendo uma possibilidade oferecida pela participação de pessoas comuns (não famosas) nos *reality shows*. A televisão lhes dá a capacidade de existir e gozar de um momento de glória. Estar na mídia parece, cada vez mais, se relacionar com o sentimento de ser importante e especial e, por fim, existir.

PRIMEIRAS RELAÇÕES

Winnicott (1945/1971), em suas principais obras, descreve a instauração do sentimento de existência que ocorre no desenvolvimento primitivo do bebê ao relacionar-se com seu ambiente primeiro, isto é, com a figura materna. Segundo o autor, o sentimento de identidade é algo que se estrutura posteriormente. Com base no estudo de Winnicott, a psicanalista francesa Nicole Berry (1987/1991) anuncia e discute uma forma insuficientemente desenvolvida de sentir-se existir e pertencer a uma identidade, relacionando-a com o contexto do mundo contemporâneo. Ela afirma que em indivíduos narcisistas ambos os sentimentos – o de identidade e o de existir – encontram-se perturbados. A busca narcísica remete a uma necessidade de perpetuar o ser e sua identidade. Ela afirma ainda que a

22 FAMA

falta de reconhecimento pelo outro, recorrente nos dias de hoje, gera uma crise do sentido de existência.

A psicanalista norte-americana Karen Horney (1937/ 1977) teoriza sobre o desejo de realização do ser humano numa cultura já com características da sociedade contemporânea. Ao discutir a busca narcísica e o desejo de reconhecimento por um outro, o que lhe permite sentir-se adorado, a autora apresenta a necessidade de ser admirado e estimado a qualquer custo como característica de um desejo neurótico.

APRESENTAÇÃO DOS CAPÍTULOS

Apresento, agora, os temas a serem abordados em cada capítulo deste livro. No Capítulo 1 serão apresentados o conceito de fama, suas características e a forma como está presente na contemporaneidade. Além disso, serão evidenciados o desejo cada vez mais explícito de ter fama e os diversos meios de alcançá-la. Em seguida serão expostas as características da sociedade contemporânea, entre elas o narcisismo, o individualismo e o espetáculo, bem como suas relações com a fama. Primordialmente, serão mostrados os estudos sociológicos de Sennett (1974), Lipovetsky (1983/1992) e Debord (1967) que estabelecem estreitas relações com a psicologia.

No Capítulo 2 serão discutidos conceitos psicanalíticos que permitem esclarecer a temática da fama. Para tanto, serão utilizadas como base premissas teóricas psicanalíticas de autores como Freud (1895/1939), Winnicott (1945/1971) e Horney (1937/1950). Entre os conceitos psicanalíticos, serão abordados os conceitos freudianos de narcisismo, ego ideal e ideal de ego, superego, identificação e idealização. A contribuição de Winnicott se dá especificamente na teorização e na discussão do sentimento de existência e identidade. Horney traz à luz a conceituação do desejo de reconhecimento e a busca pelos ideais. A contribuição teórica da obra de Horney justifica-se pelo fato de ela ser uma psicanalista de orientação culturalista e dedicar-se com mais ênfase ao estudo dos processos primários do ego. Seus escritos referentes à análise da sociedade norte-americana em meados do século XX, que se caracteriza por ser um período de grande evidência dos conflitos neuróticos narcísicos relacionados às condições culturais e da busca por destaque social, certamente podem ser resgatados para o estudo dos conflitos da época atual tratados neste livro.

No Capítulo 3 serão apresentados e discutidos os discursos dos indivíduos entrevistados a respeito de seu desejo de conquistar fama.

Parte 1
Um pouco de fama

Capítulo 1
A cultura da fama

"Dia virá em que todo mundo estará na televisão.
E não haverá ninguém do outro lado."

(Fernandes, 2001)

A FAMA

Na mitologia clássica, a deusa Fama é a personificação da opinião pública, caracterizada como deusa da sorte, ao tocar uma pessoa qualquer a transforma em um semideus:

Virgílio conta que a Fama, isto é, a "voz pública", foi engendrada após a concepção de Ceu e de Encélado. Dotada de um grande número de olhos e de bocas, desloca-se voando a grande velocidade. Ovídio retoma este retrato da Fama, acentuando-o: imagina que esta divindade habita no centro do mundo, nos confins da Terra, do Céu e do Mar, num palácio sonoro, com mil aberturas por onde penetram todas as vozes, mesmo as mais baixas. Este palácio, construído totalmente em bronze, está sempre aberto e devolve as palavras que lhe chegam, amplificando-as. A Fama vive rodeada pela Credulidade, pelo Erro, pela Falsa Alegria, pelo Terror, pela Sedição e pelos Falsos Rumores e, do seu palácio,

26 Fama

vigia o mundo inteiro. Esta criação, imitada dos Gigantes e dos outros seres monstruosos da primeira geração divina, constitui mais uma alegoria transparente e tardia do que um verdadeiro mito. (Grimal, 1997, p. 165)

Segundo Houaiss (2001) a palavra *fama* significa "conceito (bom ou mau) que um grupo humano tem de alguém ou de algo; reputação. Termo geralmente empregado em sentido positivo, favorável". Já a palavra *celebridade* tem a seguinte definição: "1. qualidade do que é célebre; 2. solenidade que caracteriza uma cerimônia pública, celebração; 3. reputação bem estabelecida; fama, notabilidade, renome; 4. pessoa célebre, afamada, ilustre; 5. o que é incomum ou extravagante". Ainda são tidos como sinônimos "aura, brado, cartaz, conceito, consideração, cotação, crédito, glória, importância, ilustre, nome, nomeada, notabilidade, notoriedade, renome, reputação, resplendor".

Mills (1975) define a celebridade como:

[...] as celebridades são os nomes que não precisam de melhor identificação. O número de pessoas que as conhecem excede o número de pessoas que elas conhecem. Onde quer que estejam, as celebridades são reconhecidas e, o que é mais importante, reconhecidas com emoção e surpresa. Tudo o que fazem tem valor publicitário. Mais ou menos continuamente, dentro de certo período de tempo, são material para os meios de comunicação e de diversão. E quando esse tempo acaba – e tem de acabar – e se a celebridade ainda vive – da melhor forma que puder – de vez em quando talvez ouça perguntarem: "Lembra-se dele?". É isso o que significa celebridade. (p. 86)

Celebridade, no uso comum, é a pessoa que conquista a fama. Mills (1975) explica que a celebridade, enquanto atributo, pode ser medida de acordo com o quanto a pessoa é conhecida e reconhecida pelos outros. Tornar-se uma celebridade ou conquistar a fama é um fenômeno que sempre ocorreu em diversas épocas e culturas, de diferentes formas. Mas a vontade de vencer na vida, de ser um indivíduo bem-sucedido, de ser "alguém" é peculiaridade da ideologia de uma sociedade capitalista a partir do final do século XIX. O capitalismo caracteriza-se como um modo de viver em sociedade que promove uma quebra das relações sociais entre as pessoas, gerando individualismo e competição. O princípio da fama e do sucesso é uma decorrência desse sistema. Alcançá-los acaba se tornando responsabilidade de cada indivíduo e, por isso, a rivalidade é inevitável. Famoso é aquele que se sobressai e torna-se reconhecido por ser aquilo que constitui um valor em determinada cultura.

Algumas pessoas nascem famosas e outras percorrem um duro caminho para conquistar a fama. Existem pessoas que simplesmente tornam-se famosas pelo desenvolvimento de suas capacidades, por uma contribuição científica, artística, literária ou em qualquer outro campo. Muitas querem a fama, porém nem todas se destacam por algum feito – mas isso não quer dizer que não possam se tornar famosas.

Certas características pessoais foram descritas por Evans & Wilson (1999) como pertencentes às pessoas que chegam ao estrelato. Entre as personalidades que "fizeram" fama, a presença de certo grau de exibicionismo parece muito importante, o que soa algo óbvio. Segundo os autores, entretanto, isso não implica uma personalidade extrovertida, mas sim um desejo de ser visto, que pode não ser observado com transparência em algumas pessoas.

28 Fama

Algumas características descritas como masculinas por Evans & Wilson (1999), porém também encontradas em mulheres, mostram-se essenciais para a conquista da fama. Os autores citam a competitividade, a motivação, a determinação, a persistência e a ambição como componentes de uma personalidade famosa. Tais características fazem a diferença entre a vitória e o fracasso, efetivam o progresso na carreira e a proeminência na sociedade. Certo charme pessoal, chamado de *carisma*, é um atributo de igual importância que promove a fama. De acordo com o Houaiss (2001), significa "graça, talento, dom extraordinário e divino, fascinação irresistível. Conjunto de habilidades e/ou poder de encantar, de seduzir que faz com que um indivíduo desperte de imediato a aprovação e a simpatia das massas". A etimologia do termo *carisma* vem do latim *charisma*, "graça divina", e do grego *Khárisma*, ou "graça". Na mitologia grega, a palavra *carisma* tem origem em *Charis*, "Graças", e nomeia todas as filhas de Zeus. As três Graças, Aglaia ("esplendor"), Euphrosyna ("alegria") e Thalia ("florescência"), eram deusas da alegria, do prazer e da apreciação; elas se associavam a tudo o que traz encantamento.

O carisma sempre esteve relacionado a uma característica pessoal marcante e inexplicável, um brilho e fascínio concedidos a poucas pessoas como que por mágica. Carisma refere-se a segurança, liderança, poder de presença, a um certo magnetismo transmitido a outrem quando a pessoa carismática aparece. Um encantamento é gerado nos outros simplesmente por essa pessoa estar presente. Depende também de atributos físicos, como a beleza, os atrativos sexuais, a fotogenia, a estatura e até a qualidade da voz. A aparência física e a sensualidade são essenciais para que haja uma identificação e o público sinta-se atraído por uma pessoa.

Mas o carisma não é só isso; melhor dizendo, pode ser a soma de tudo isso ou de algumas dessas qualidades. Por meio desse conjunto, a pessoa torna-se sedutora, iluminada e emite uma imagem que fascina os demais.

A educadora norte-americana Doe Lang (1997), especialista na temática do carisma, em seu livro *Os novos segredos do carisma: como descobrir e libertar seus poderes ocultos*, afirma que nem todas as pessoas nascem com uma personalidade marcada por essa característica, mas que ela pode ser desenvolvida. A fim de conquistar o público e manter a fama, as celebridades necessitam desenvolver o carisma. Sem isso, podem perder seus fãs e deixar de ser admiradas pelo público.

Doe Lang categoriza e descreve a personalidade carismática em dez tipos:

1. **Magnético:** pessoa condutora de plateias que deixa marcas na cultura humana.
2. **Atemporal:** é o tipo que parece sempre ter sido famoso.
3. **Instantâneo:** pessoa sem atrativos físicos que exerce carisma gerado pela posse de uma fortuna.
4. **Espiritual:** relacionado à religião.
5. **Político:** grande líder condutor e transformador da sociedade.
6. **De estilo:** famoso que aparece na mídia televisiva, que perdura com sucesso e marca época.
7. **Depois da morte:** a pessoa passa a ser exaltada somente após sua morte.

30 FAMA

8. Mitológico: personalidade misteriosa do passado que exerce fascínio até o presente.

9. Intelectual: escritor idolatrado por suas obras.

10. Intrínseco: pessoa pertencente ao convívio íntimo e que exerce grande influência sobre algum indivíduo, como um pai ou um professor.

A categorização da personalidade, bem como sua própria definição, é uma forma de classificação comumente empregada pelos teóricos norte-americanos na tentativa de compreender melhor o comportamento humano. No entanto, uma classificação não necessariamente leva à compreensão ou a avanços no conhecimento que tragam benefícios aos indivíduos. Conforme se observa nos diferentes tipos de personalidade carismática descritos, a complexidade e as infinitas diferenças individuais exigem minuciosas caracterizações, as quais, por fim, são aplicáveis somente a um pequeno número de pessoas, tornando-as redundantes e desnecessárias.

O encanto exercido pelas pessoas carismáticas dissemina-se de diversas formas. A atenção especial advinda dos outros pode ser alcançada devido a determinada característica que desperte a identificação na plateia.

O carisma leva à fama, porém, mais assertivamente, a fama leva ao carisma. Aqueles que se tornam famosos apresentam características com as quais a população se identifica por ser a encarnação de suas fantasias. O magnetismo e o fascínio exercidos pelas celebridades ocorrem porque as pessoas depositam em seus ídolos tudo aquilo que desejam ser, ou seja, há uma identificação e também certo grau de idealização. Os ídolos encarnam os desejos, as expectativas, os anseios, os sonhos e os ideais do público. Tornam-se deuses, um ideal que está acima do alcance de qualquer ser humano comum.

Uma pessoa que se destaca por um talento nos esportes e torna-se famosa em consequência disso, por exemplo, transmite carisma apenas por seu feito e por sua aparição na mídia, permitindo-se até mesmo ser uma pessoa fria e distante, e não necessariamente bela. Nesses termos, o carisma é uma qualidade fundamental para alcançar a fama. Pensando em pessoas que não se enquadram nesse grupo, ou seja, que não são reconhecidas por um talento mas desejam a exposição de sua imagem na mídia, o carisma deve ser buscado de outras formas.

A presença de algum tipo de carisma faz-se necessária para que ocorra a identificação e, assim, a conquista de admiradores. Na tentativa de enlace desse carisma, situam-se incontáveis formas de investimentos em si mesmo, como o cultivo da beleza, uma dedicação profissional extrema, entre outras. A imagem que conscientemente se constrói e se exibe aos outros tem como objetivo conquistar a veneração do público e prendê-lo pelo encanto.

O fenômeno da fama fundamenta-se na presença de um público, isto é, uma pessoa somente pode tornar-se famosa se cativar um público que a admire. Assim, a imagem pessoal transmitida à audiência é extremamente importante nesse processo. O talento das estrelas deve ser traduzido em habilidades no relacionamento com o público, entre outros aspectos da personalidade e da estética, conforme já exposto. Tais características estruturam uma personalidade

32 FAMA

pública, ou seja, permitem que o público se sinta tocado e identificado com essa pessoa.

Pensando mais além, a vida privada dos artistas, exposta a seus fãs nos dias atuais, é outro fator que instiga a identificação do público. Sua intimidade é introduzida na vida dos espectadores como se estes fossem pessoas próximas e pertencessem a seus grupos de convívio. Essa aproximação é a chave para a fantasia da audiência, incitando a formação de uma ligação psicológica do público com seus ídolos. Os famosos tornam-se amantes, amigos ou membros da família que compartilham vivências emocionais.

Evans & Wilson (1999) citam um estudo de Handel, de 1976, a respeito de como os fãs relatam seus ídolos. Nesse estudo foi constatado que as pessoas não são, predominantemente, deslumbradas por celebridades do sexo oposto, o que poderia indicar uma relação entre famosos e fãs baseada na atração sexual. Ao contrário, o deslumbramento maior ocorre por famosos do mesmo sexo. Tudor, mencionado por Evans & Wilson (1999), apropria-se das formulações de Handel e define quatro categorias de relacionamento entre o público e os famosos:

1. **Afinidade emocional:** este é o tipo de envolvimento mais comum entre as pessoas. Consiste na identificação por vivências emocionais, ou seja, há uma empatia que permite a identificação com outra pessoa, possibilita sentir o que ela sente e apreender do mesmo modo que ela apreende.

2. **Identificação:** é um forte sentimento de envolvimento em que o fã se coloca ou se percebe na mesma

situação da imagem portada por seu ídolo. O fã sente seu ídolo como uma extensão de si mesmo, algo que faz parte dele próprio.

3. Imitação: é mais comum entre os jovens. Os artistas são vistos como modelos ideais para a massa da sociedade. A identificação perpassa a empatia e chega à imitação de tudo o que é apresentado pelo outro, ou seja, atinge a reprodução de uma imagem.

4. Projeção: Evans & Wilson (1999) afirmam que a imitação se transforma em projeção. É o ponto onde o processo se torna mais que uma simples reprodução das características de famosos. Projetar é atribuir a terceiros ou ao mundo que os rodeia os erros ou desejos pessoais não aceitos em si mesmo. Os ideais pessoais são projetados nas figuras das pessoas famosas.

Por meio desses mecanismos psicológicos o público se prende às celebridades e, a partir deles, é possível compreender, por exemplo, como aqueles que não são tão inteligentes ou não se enquadram nos padrões de beleza tornam-se ídolos. O público prende-se àquele que elege como ídolo, primordialmente, por identificar-se com ele.

Outro componente que permeia a relação ídolo-fã é a *idealização*. As celebridades conquistam admiradores por exprimirem uma forma e um conteúdo idealizados. Há, de fato, um argumento de que as qualidades das estrelas são criadas pela imaginação e pela fantasia. A forma humana é apresentada para além do real, por meio das celebridades. Aquilo que é apresentado na mídia é o comum, que passa a ser idealizado. O modelo ideal é personificado em um

34 FAMA

corpo humano. Há uma complexa inter-relação entre o real
e a fantasia da audiência sobre suas estrelas.

De acordo com Houaiss (2001), a etimologia da palavra *fã* revela o termo *fanático*, que significa "mostrar-
-se excessivamente entusiástico, exaltado, numa devoção
quase sempre cega; apreciador apaixonado; obstinado". O
fã é descrito como o indivíduo que tem e/ou manifesta
grande admiração por uma pessoa pública. Previamente, já
se pressupõe aí a presença do processo pelo qual a pessoa
famosa torna-se objeto de amor engrandecido, o que se
denomina *idealização*.

Os astros famosos personificam uma imagem pré-fabricada, irreal e idealizada, uma vez que necessitam vender
sua própria imagem. No mundo das aparências, o desejo é
construir uma imagem bem-sucedida; é com essa imagem
que o público se relaciona.

O desejo da fama não se limita puramente à fama propriamente dita; ele se espelha na imagem idealizada que
a fama carrega e que promete abençoar aquele que a conquista. A fama promete a imagem de poder tão desejada no
mundo das aparências. Ser famoso pressupõe desfrutar de
riqueza, beleza, sucesso profissional, admiração, felicidade,
agrados demasiados, pertencer a um lugar único de predileção e ser um *self-made man*[1]. Não há espaço para restrições, impossibilidades e fragilidades. Aquele que obtém a
veneração dos demais torna-se endeusado, e não há quem o
destitua dessa insuflação. A incorporação de uma imagem

---

[1] Conceito norte-americano que designa um indivíduo que conquistou seus bens
e sua posição social traçando uma luta individual, o ideal contemporâneo da
sociedade capitalista competitiva.

idealizada, ainda que aos olhos dos outros, concretiza um ser inabalável que não entra em contato com as próprias imperfeições. A imagem da fama acompanha o ideário do homem contemporâneo. A forma mais óbvia de perceber a identificação e a veneração de uma pessoa por outra é a tentativa de parecer-se com ela. Esse comportamento é característico de todos os seres humanos, por ser o modo pelo qual o próprio eu se forma. Os modelos identificatórios são indispensáveis para a formação do eu; no entanto, quando tornam-se demasiadamente idealizados, esses modelos apresentam-se como inatingíveis, causando o desconforto da pessoa consigo mesma. Evans & Wilson (1999) observam que diversos cientistas da comunicação descrevem a relação dos fãs e seus ídolos como uma identificação distanciada, uma vez que ocorrem por meio da comunicação de massa, e não das experiências sociais entre pessoas próximas.

Essa forma de identificação apoiada em idealizações e a não criação de identificações com pessoas reais e próximas, que permitam o estabelecimento de uma relação na qual haja o reconhecimento e a valorização de suas qualidades, faz com que os indivíduos busquem, a qualquer custo, aproximar-se do ideal criado em suas relações de identificação com objetos irreais. Soifer (1992) acredita que uma personalidade frágil, que se desorganiza facilmente, com tendência à submissão e à imitação, é desenvolvida quando o indivíduo presencia, precocemente e por muitas horas, os espetáculos de televisão. Para a autora:

> [...] considerando que, para ver televisão, se usa a identificação projetiva – como em todos os espetáculos – o abuso desta prática

36 FAMA

determina que a mente continue utilizando, predominantemente, esse mecanismo defensivo primitivo, com todas as suas sequelas de confusão sujeito-objeto, narcisismo e aprendizagem por imitação. (p. 296)

A afirmação feita por Soifer não pode ser tomada como verdadeira sem que sejam feitos questionamentos, uma vez que, nas ciências psicológicas, não é aceitável estabelecer uma relação direta de causa e efeito, muito menos fazer generalizações. Entretanto, aceita-se que a irrealidade das figuras idealizadas facilite, em algum grau, a construção identificatória de um eu idealizado, pelo qual o indivíduo se direcionará em sua vida.

Sodré (1990) defende que a televisão aparece somente como um meio organizador de identidades sociais, que indica comportamentos e ações, porém reconhece as diferentes assimilações e respostas que cada indivíduo pode dar ao que visualiza na tela da televisão. Afirma ainda que, através da imagem televisiva, não ocorre a perda de si no outro, momento crucial do processo de identificação, mas sim um autorreconhecimento autoritário que serve ao sujeito para que ele exprima seu narcisismo. O indivíduo se acreditará, assim, titular de um ego único, indivisível, dono da realidade; ele se definirá por princípios da visibilidade absoluta, indiferente ao real externo.

Os famosos são figuras idealizadas. Com o assédio a suas vidas particulares, com a intimidade posta na mídia e o fenômeno da mídia realística, que leva ao estrelato aqueles pertencentes à massa, o público passa a acreditar, cada vez mais, que pode chegar a adquirir a imagem ideal tão desejada.

As estrelas televisivas, conforme Evans & Wilson (1999), tornam-se mais humanas e menos divinas, adquirem maior semelhança com qualquer pessoa anônima pelo realismo que apresentam ao exibir seus sentimentos humanos e suas vidas particulares. Aquilo que aparece na mídia, *a priori*, assume um valor supremo. A imagem criada convida à identificação e à idealização. A exibição dos afazeres cotidianos, dos problemas de relacionamento íntimo, das manias e dos gostos de pessoas que se expõem na mídia torna-se especial e supervalorizada. Tudo o que é mostrado passa a ser idealizado e desejado. Na atualidade, a possibilidade de tornar-se aquilo que se idealiza apresenta-se com maior concretude.

A CONQUISTA DA FAMA

A "fama para todos", que ganhou força com os *reality shows*[2], é um acontecimento típico do final do século XX e vem se expandindo rapidamente em diversas sociedades. Nos dias de hoje, para se obter notoriedade, podem ser apontadas como essenciais algumas características típicas, tais como a simpatia, a beleza, a vivacidade e o carisma.

Atualmente, ser uma celebridade, ser conhecido representa um valor social muito importante. Campbell & Moyers (1993) citam uma pesquisa aplicada em uma escola de Ensino Médio nos Estados Unidos, na qual foi feita a

---

[2] Hamburger (2002) localiza a primeira versão de programas *reality show*, estreada no ano de 1999, na televisão holandesa. Devido à grande audiência, logo disseminou-se por diversos países, como Estados Unidos, Espanha, Alemanha, Portugal, Polônia, Suíça e Brasil.

38 Fama

seguinte pergunta: "O que você gostaria de ser?". Dois ter-
ços dos estudantes responderam: "Uma celebridade". Conforme se observa, ter fama e ser reconhecido é o desejo
predominante entre os jovens. A beleza e a riqueza, também
relatadas como desejos dos estudantes entrevistados nessa
pesquisa, são algumas das características que se encontram
no contexto da fama.

Em uma reportagem da revista *Veja* (2003) foi publicada uma pesquisa em que se perguntou aos jovens: "O que
vocês gostariam de ser?". As cinco respostas mais comuns
foram: empresário rico, jogador de futebol famoso, ator/
atriz, médico famoso e modelo internacional. Entre as respostas, observou-se uma referência ao dinheiro (empresário
rico), à beleza (modelo internacional) e, principalmente, à
fama. Essas pesquisas indicam o quanto a fama é desejada
pela sociedade atual e como ela é considerada importante
para um grande número de pessoas.

Em outra reportagem, Souza (2002) divulgou a presença de trinta mil candidatas de todo o país na disputa
por uma vaga no programa *Popstars*, exibido em rede nacional pela emissora de televisão SBT. As garotas selecionadas
para participar do *reality show* disputariam a formação de
um grupo musical, que seria afamado em todo o país. A
reportagem evidencia um grandioso número de pessoas que
vão em busca da fama televisiva. Ainda nessa reportagem, o
psicanalista Jorge Forbes opina:

> Todo mundo se acha genial e pensa que pode virar alguma coisa,
> seja lá o que isso signifique. Na sociedade do espetáculo, a fama deixa
> de ser consequência para ser um valor em si. (Souza, 2002, p. 59)

A CULTURA DA FAMA **39**

Já em 2009, de acordo com o site oficial do Big Brother Brasil (www.bbb.globo.com)[3], a nona edição do programa alcançou o número de 138 mil inscritos somente pela internet. Entre os perfis dos candidatos que podem ser lidos no *site* do programa, há descrições como "adoro ser o centro das atenções".

Ressalva-se, contudo, que o desejo de fama e glória, embora presente em grande parte dos indivíduos na época atual, de forma alguma pode ser generalizado. Freud (1930 [1929]/1974) já dizia:

> É impossível fugir à impressão de que as pessoas comumente empregam falsos padrões de avaliação – isto é, de que buscam poder, sucesso e riqueza para elas mesmas e os admiram nos outros, subestimando tudo aquilo que verdadeiramente tem valor na vida. No entanto, ao formular qualquer juízo geral desse tipo, corremos o risco de esquecer o quão variados são o mundo humano e sua vida mental. Existem certos homens que não contam com a admiração de seus contemporâneos, embora a grandeza deles repouse em atributos e realizações completamente estranhos aos objetivos e aos ideais da multidão. (p. 81)

Embora o "culto das celebridades" não seja um fenômeno exclusivo dessa época, os elementos que o sustentam – a comunicação instantânea de massa, a desagregação familiar e a reavaliação dos valores tradicionais – parecem ter se concentrado nas décadas finais do século XX.

---

[3] *Reality show* exibido pela Rede Globo de Televisão pela primeira vez em 2001. O programa expõe imagens de um grupo de pessoas até então anônimas, selecionadas para conviver isoladas numa casa, competindo por um prêmio em dinheiro ao final. O público telespectador decide quem ganha por meio de votação.

De fato, na sociedade contemporânea, muitas pessoas parecem acreditar que a experiência de ser uma celebridade tem o poder de oferecer a mortais comuns a possibilidade de se tornar verdadeiros "semideuses", ainda que por um breve período de tempo. Sem questionar a fundo a veracidade dessa aparente transformação, o simples desejo de viver essa experiência tem levado muitas pessoas a perder o controle de suas ações e emoções, ultrapassando os limites do razoável na tentativa de alcançar o sentimento de superioridade que, pretensamente, se segue à fama.

A jornalista Nara Damante (2003, p. 18), pautada na ideia de que "a fama é o sonho secreto de muitos e consequência de uma bem desenhada estratégia que todos podem aprender", expõe com objetividade, em dez lições, o que é necessário fazer para tornar-se uma pessoa famosa. A autora pretende demonstrar a existência de uma estrutura bem engrenada que permite conquistar a fama e permanecer sempre em voga. O livro destaca-se por oferecer a possibilidade de encontrar caminhos para realizar o desejo de ser famoso a qualquer um que o queira.

As mesmas questões são apresentadas no livro de Fischer (2004), em que a autora identifica e afirma que, no Brasil, quase todo mundo quer ser uma celebridade. A partir daí, propõe-se, primeiramente, a definir os tipos de celebridade mais comuns. Na segunda parte do livro, ela expõe, de forma direta, um manual contendo dez lições para alcançar a tão sonhada fama.

O fenômeno da fama ganhou notoriedade e passou a chamar a atenção de sociólogos, psicanalistas e outros especialistas com o surgimento dos chamados *reality shows*. No

A CULTURA DA FAMA **41**

Brasil, em 2001, programas desse tipo (como o Big Brother Brasil [BBB] e a Casa dos Artistas[4]) repetiram esse roteiro ao apresentar participantes que, num ciclo muito rápido, passam do anonimato à fama e dela ao quase completo esquecimento. Como observa a psicóloga Michele Harway, em um artigo da *Folha de S.Paulo*: "[...] a fama produz insegurança e ansiedade permanentes. Um dia você é tudo, no dia seguinte é nada" (Dimenstein, 1997).

Uma reportagem da revista *IstoÉ* aponta uma das poucas ex-participantes do BBB que não voltaram para o anonimato. A apresentadora de televisão Sabrina Sato, então com 27 anos, admite que desde o início do programa seu sonho era a fama. Sobre isso, ela diz: "Entrei pensando nas oportunidades que apareceriam depois". A reportagem cita também a apresentadora de televisão Íris Stefanelli, na época com 29 anos, outra ex-BBB que se tornou ícone de sucesso a qualquer preço. Ao ser eliminada do programa, Íris deixou claro que queria ser "artista". E conseguiu. "Eu me sinto especial ao ser reconhecida nas ruas" (Frutuoso, 2008).

A exposição do dia a dia de pessoas que transitam da "normalidade" à celebridade parece banalizar a privacidade, até então um valor que se buscava preservar. Por meio desses programas, a exposição da privacidade transformou-se em tema de conversas cotidianas e da própria mídia. Filho & Propato (2001) afirmam que:

> [...] poucas vezes na história, as pessoas desejaram tanto se abrir para o outro, arrancar as máscaras, mostrar os recônditos do corpo

---

[4] Programa exibido pela primeira vez em 2001, pelo SBT. É similar ao Big Brother Brasil, mas nesse programa os participantes incluem pessoas já famosas e outras anônimas.

42 FAMA

e da alma. A atitude é encarada com naturalidade desconcertante por quem quer ver e ser visto. Esse despojamento – motivado por exibicionismo, carência, narcisismo, *marketing* ou tudo isso junto – fez ruir um dos últimos bastiões da sociedade burguesa: a privacidade como valor moral. Expor a intimidade não é mais sinônimo de constrangimento. (p. 28)

Na reportagem de Dines evidenciam-se novos formatos nas biografias produzidas atualmente. Segundo o autor: "A biografia democratizou-se. Hoje ela deixou de interessar-se apenas pelos Grandes do Mundo e está à espreita do joão-ninguém. Deixou celebridades e agora vai atrás dos anônimos" (Dines, 2003, p. 3). O autor afirma ainda que "estamos em busca do outro" e, no fundo, "estamos em busca de nós mesmos". Deseja-se expor as histórias e vivências pessoais a outrem para dar concretude ao que realmente se é.

Um dos resultados dessa nova realidade é que a sociedade contemporânea passa a valorizar a atenção pública dispensada a algumas pessoas. A celebridade ganha os holofotes da imprensa, dos programas de entrevistas e das pessoas comuns, que desejam saber não só da vida pessoal dos famosos, mas de tudo o que lhes diz respeito, das roupas preferidas aos restaurantes que frequentam, além de suas atividades profissionais. Essa demanda por informações sobre as celebridades faz surgir uma verdadeira "indústria" de fofocas, a qual, por sua vez, demanda continuamente informações sobre a vida privada e a vida profissional das pessoas famosas (Alonso, 2002)[5]. Enquanto muitas "cele-

---

[5] Embora na imprensa escrita tenham surgido jornalistas especializados na "cobertura" das celebridades, a exploração de imagens parece parte fundamental da informação apresentada. Na reportagem "Os *flashes* da fama, egos e vaidades",

A CULTURA DA FAMA **43**

bridades" fornecem essas informações voluntariamente para manter a atenção da mídia sobre suas pessoas, muitas outras lamentam a perda de privacidade, que passa a fazer parte de suas vidas[6]. A fama e a consequente exposição da vida íntima são tanto desejadas quanto trazem em sua imagem a passagem para a felicidade. Inúmeros indivíduos vivenciam uma espera interminável pelo dia em que se concretizarão seus "quinze minutos de fama", transformando-os em celebridades e permitindo o acesso à felicidade suprema.

FORMAS DA FAMA E REALIDADE ESPETACULARIZADA

Na contemporaneidade há uma emergência da busca pela fama fugaz. O que se observa atualmente é o desejo de conquistar grande visibilidade cada vez mais desvinculado de uma consequência de realização profissional, talento, capacidade intelectual ou habilidade que justifique a conquista de um reconhecimento público[7]. Deseja-se a fama

---

relatam-se as dificuldades dos *paparazzi* para conseguir uma boa foto. A reportagem cita também algumas celebridades que "adoram ser fotografadas".

[6] Uma reportagem da revista *Veja*, referindo-se ao programa Casa dos Artistas, exibido pelo SBT, diz que, ao final do programa, um dos participantes declarou: "Nunca dei tanto valor à minha liberdade". A liberdade de que ele sentiu falta não era somente a de ir e vir, mas incluía a liberdade de gozar sua privacidade (Valladares, 2001).

[7] Reconhecimento é um tipo de vínculo que possibilita a preservação da autoestima e do senso de identidade. O reconhecimento por outro expressa que a pessoa existe como indivíduo, que é valorizado, aceito e digno de ser amado (Zimerman, 1999).

44 FAMA

pela fama, ser contemplado, admirado e ser visto, independentemente de talentos ou conquistas[8]. A pessoa famosa é aquela que atrai muitas atenções, torna-se conhecida e admirada por obter destaque em relação às demais. Conforme já exposto, ser conhecido por um grande número de pessoas é o que caracteriza uma pessoa como famosa; por essa razão, a busca pela aparição na mídia é o maior indicativo do querer ser famoso como um fim em si mesmo. Essa fama pode ocorrer por inúmeras razões e também por diversos meios.

FAMA NA TELEVISÃO

A mídia televisiva é o meio de comunicação que chega à maior parte da população. É através dela que se vislumbra a possibilidade de alcançar a maior visibilidade possível. Sodré (1990) afirma que a televisão tem a função pura e simples de mostrar; faz desfilarem os objetos de consumo, do progresso tecnológico, a moda, as pessoas, fatos e notícias. O sistema de simulacros da realidade, a televisão, procura oferecer o máximo de visibilidade.

A fama televisiva ilustra com transparência a busca de reconhecimento simplesmente por existir, na fama pela fama, devido a sua função de tornar visível. Não há um destaque em consequência de um talento profissional; há puramente um indivíduo que passa a ser visto e admirado por aquilo que mostra ser. O olhar do outro posto sobre

---

[8] Em uma entrevista para a *Folha Online*, por Klinger (2005), a escritora Nélida Piñon afirma que se vivem hoje a futilidade e a trivialização do real, que este é um momento inconsistente. Para a escritora, as celebridades não têm trabalho, esforço, profissão, não têm biografia. Ela finaliza dizendo que o pior é que os jovens acreditam nessas pessoas e, por isso, deixam de fazer coisas sérias.

o indivíduo na televisão lhe proporciona o sentimento de ser importante e diferenciado do restante da população; lhe possibilita "ser alguém na vida".

A televisão é o meio de comunicação de massa que tem o poder de atingir o maior número de pessoas e exercer grande influência sobre a vida de cada uma delas. O lugar almejado por aquele que deseja a fama é um lugar único de favoritismo absoluto diante do público, o lugar de alguém diferenciado dos demais, o qual lhe é concedido por meio da aparição na televisão. Bem como afirma Sodré (1990), sobre as imagens exibidas no sistema televisivo projeta-se uma espécie de eu ideal do grupo, ou seja, um "nós" idealizado.

O formato de programa *reality show* pode ser visto como a apoteose do exibicionismo com vistas à fama, pois permite que pessoas até então desconhecidas adquiram uma visibilidade extraordinária e popularidade. Tudo aquilo que se faz em situações cotidianas torna-se especial quando posto sob o olhar do outro. O indivíduo encarna a figura célebre que carrega a imagem de perfeição admirada e desejada pelo público espectador. Cada qual adquire a fama simplesmente em razão de permitir que a sua intimidade se torne pública, transformando-se em objeto de projeção dos desejos de quem os acompanha (assim como acontece nas telenovelas). Os *reality shows* atribuem *status* aos participantes e produzem celebridades. A celebração do indivíduo se resume a celebrar a figura de sucesso produzida por esses programas.

O fenômeno contemporâneo da imagem redunda numa quantidade excessiva de programas televisivos dedicados a transmitir a vida real e íntima de pessoas "desconhecidas", pertencentes à grande massa. Esse tipo de programa ganha espaço na mídia por estar vinculado a um conjunto de mudanças na estrutura social. O que se vê na televisão está em sintonia com a experiência do mundo real. Os *reality shows* e diversos outros formatos de programas que trazem a realidade à tela da televisão respondem a uma reestruturação do espaço público e do espaço privado.

Com frequência, a população assiste a programas que se propõem a discutir relacionamentos amorosos, a falar de sexo, da vida íntima das pessoas. As confissões públicas de questões privadas se converteram em empreendimentos televisivos comuns e que ostentam altos índices de audiência. Aqui se faz referência aos chamados *talk shows*, programas em que há a participação do público, que fala de suas dificuldades e esclarece suas dúvidas íntimas.

Nessa linha de programa, há aqueles que promovem, no palco, discussões de questões familiares ou de relacionamentos amorosos, em que cada indivíduo (anônimo) relata problemas que vive em sua experiência íntima. Os casos são expostos e a discussão se inicia. Em alguns casos, põe-se à prova, em rede nacional, a fidelidade de casais.

Há também shows televisivos que impulsionam o encontro de casais reais com a finalidade de iniciar um relacionamento ou de reatá-lo. Em alguns programas desse tipo há interferência do público telespectador, que vota a fim de decidir quem será o escolhido para namorar tal pretendente, o que configura o programa como *reality show*. Hamburger afirma que: "Essa sensação de tocar o distante e desconhecido, de torná-lo familiar, domesticá-lo e, principalmente, atuar sobre ele faz o fascínio do 'reality show'" (Hamburger, 2002).

Quando não é o telespectador que participa, é a plateia presente no auditório que interage com o apresentador do palco. De modo recorrente, seus temas são polêmicos ou espetaculosos, e referem-se às questões da vida privada. Há um aumento na participação do público nos programas de televisão. Bauman (2004) defende que a interação toma o espaço daquilo que se configurava apenas como um assistir passivo.

A televisão também invade as casas. Segue em busca de pessoas e, com o pretexto de ajudá-las a mudar de vida e resolver suas questões, as convida a subir ao palco e expor seus problemas familiares, pessoais e financeiros. Pessoas que desejam reformar a casa, realizar cirurgias plásticas ou reatar relacionamentos são frequentemente exibidas na mídia televisiva. A manifestação do sentimento para um público torna-se um desejo para grande parte da população nos dias de hoje. Um grande número de pessoas se dispõe a exibir sua privacidade.

Intrigantemente, nos telejornais também é possível observar que o foco está nos casos de tragédias particulares, que fazem o público se envolver e se emocionar. As notícias são transmitidas com a intenção de prender a atenção de quem assiste e fazer emocionar. A exaltação dos sentimentos e o espetáculo se fazem presentes. Conforme Sodré (1990), a simulação espetacularizada da realidade se estende aos programas jornalísticos. Pseudovalores, pseudoconhecimentos e pseudoacontecimentos compõem o jogo de ilusões transmitido pela televisão.

Hamburger (2002) diz, assertivamente, que, na atualidade, o que está no centro do palco é o indivíduo, suas ações e seus esforços para se realizar. Segundo a autora, a atenção

48 FAMA

está direcionada para as angústias e questões individuais, assim como para o que se pode fazer para melhorar e promover a si próprio; por isso, deseja-se ver o que o indivíduo que aparece na mídia faz e como faz. Ela diz ainda: "A busca de autenticidade emerge nesses programas como um mote que faz com que a ficção apareça quase como traição" (Hamburger, 2002, p. 18). Lipovetsky (1983/2005, p. 47), em concordância com Hamburger, esclarece que "há a busca de autenticidade, mas de modo nenhum da espontaneidade". O autor defende que a expressão do íntimo e daquilo que se denomina como *autêntico* ocorre dentro de um padrão social preestabelecido de acordo com os ideais. O que está em evidência na mídia é a particularidade de cada indivíduo. Na lógica dessa individualidade encontram-se todas as conquistas que podem ser alcançadas por uma pessoa. Exaustivamente, a mídia, em especial a televisão, inquieta seus espectadores com imagens de pessoas bem-sucedidas, donas de poder, graciosidade, beleza e fama.

É comum ver na televisão relatos de pessoas que "venceram na vida", que lutaram e muito se empenharam para chegar a uma posição de sucesso, o que equivale a ser visto na mídia televisiva. Inúmeras pessoas de origem humilde, pertencentes à classe social baixa, exibem com orgulho suas histórias de vida e os esforços despendidos para chegar a ser reconhecidas. São, sim, exemplos de pessoas que batalharam muito para conseguir uma carreira e *status* e, merecidamente, obtiveram reconhecimento. Porém, aos telespectadores isso aparece como um caminho real que cada um pode percorrer e, ao fim, obter fama. Segundo Theodoro (2004), a mídia proporciona um culto à imagem, à aparência, ao poder e, ao mesmo tempo, transpassa a possibilidade de pessoas anônimas chegarem a um lugar de destaque, em que podem ser endeusadas e engrandecidas. É o chamado ideal do *self--made man*, ou seja, o sucesso atrelado aos esforços do indivíduo, que se evidencia no momento em que o telespectador passa a valorizar e a querer ouvir a história de uma pessoa e, indo mais além, quando deseja o mesmo sucesso alcançado por ela.

Há uma promessa de acesso a esse lugar célebre para aqueles que são meros espectadores, desde que sigam com rigor as instruções transmitidas pela mídia e que consumam seus produtos. A televisão apreende o indivíduo em sua esfera privada, organizando sua identidade.

Muitas vezes, os produtos anunciados na televisão são jogos publicitários necessários à expansão do consumo. Sodré (1990) afirma que, com a intenção capitalista de vender seu produto, a mídia televisiva apresenta padrões irreais e idealizados que são veiculados de maneira massiva, aos quais a maioria da população reage com desejo, despertando seus anseios narcisistas. A televisão desempenha um papel indispensável na instauração do desejo de conquistar a fama. O próprio autor, entretanto, relativiza dizendo que é um erro considerar o indivíduo alguém passivo em relação aos conteúdos da indústria cultural. Cada indivíduo comporta uma estrutura diferenciada e absorve de maneira multiforme o modelo exibido na televisão, o qual pretende ser unívoco e irrecusável. Assim, há sempre aqueles que, apesar dos jogos publicitários, não respondem com desejo de fama.

FAMA NA INTERNET

É igualmente notório o fenômeno de inúmeras pessoas que se fixam em lugar de destaque, de privilégio perante um grupo menor. Um exemplo de pessoas que tentam colocar-se nessa condição é demonstrado pelas formas virtuais de expor-se. A Internet surgiu no final do século XX como um novo meio que estimula o exibicionismo por dar a qualquer anônimo a possibilidade próxima e concreta de tornar-se famoso.

Toma-se como exemplo alguns casos de pessoas que se tornaram famosas por meio da exposição de suas imagens na Internet. Em 2004, noticiou-se o caso de uma estagiária de 18 anos que posou seminua para fotos, em posições eróticas, em um dos gabinetes do Ministério da Agricultura, em Brasília. As fotos foram espalhadas na Internet. A estagiária admitiu que posou porque gostava de ser fotografada e assumiu seus planos de se tornar famosa. Disse acreditar que o episódio podia gerar possíveis convites para trabalhos como modelo (*Folha de S. Paulo*, 2004).

Em 2005 acompanhou-se o caso de um adolescente que gravou, usando uma *webcam* (câmera conectada à Internet), cenas de sexo com a namorada, sem o conhecimento dela. Os adolescentes passaram uma tarde no quarto de um amigo do rapaz, que disponibilizou o local e a câmera. A intenção do adolescente – e o que ele fez, de fato – era divulgar as cenas gravadas na Internet, a fim de exibir-se e de ser admirado por seu desempenho sexual. Ele também criou uma comunidade para que o público internauta pudesse assistir ao vídeo e opinar sobre ele (Alvarenga, 2005).

A CULTURA DA FAMA **51**

Uma das febres da Internet no ano de 2008 foi o norte-
-americano Matt Harding, na época com 31 anos, criador
do vídeo "Dancing". Ex-designer de *games*, ele viajou por
79 países. Onde aportava, Matt fazia uma dança esqui-
sita diante da câmera. Um vídeo com um apanhado dessas
viagens foi visto por mais de dez milhões de internautas.
Na época, uma fábrica de chicletes patrocinava seus *tours*.
Matt passou a convidar seus fãs pelo site Where the hell
is Matt? (www.wherethehellismatt.com) a participar dos
vídeos. Aonde quer que Matt ia, lá estavam os seguidores
da "dancinha".

No ano de 2009, temos o exemplo de Stefhany como o
"novo" sucesso da Internet. A cantora Stefhany, hoje com
21 anos, é considerada uma celebridade no Nordeste, onde
mora, e vem se tornando cada vez mais conhecida nas
demais regiões do País. Até agora, a cantora produziu, por
conta própria, cerca de dez vídeos caseiros e os colocou
em exibição no mais famoso site público de divulgação
de vídeos do mundo, o YouTube. A partir daí, começou a
tornar-se conhecida.

De acordo com a reportagem de Garcia (2009), do site
de notícias Último Segundo, um único vídeo com a música
"Eu Sou Stefhany" recebeu mais de quatrocentos mil acessos, enquadrando-se entre os vídeos mais populares da
Internet no Brasil. No mês seguinte, o número de acessos
chegou a quase oitocentos mil, e apenas dois meses mais
tarde o número de exibições subiu para mais de um milhão.

Na atualidade, colocar-se em evidência para o público
internauta, que se estende para além do grupo com que se
tem relações estreitas, é uma forma saudável de sociabilidade,

conforme afirma Paiva (1999), uma vez que o convívio com um agrupamento de pessoas mais próximas, como amigos íntimos ou familiares, parece não mais ser estabilizado e fortalecido. O autor salienta:

> Hoje, quando há um visível declínio das formas de socialização (na família, escola, sociedade civil, etc.), os meios de comunicação, particularmente a Internet, como instâncias de diálogo entre a "intimidade e a publicidade", constituem veículos geradores de experiências interativas e de novas formas de sociabilidade. (p. 105)

A respeito da Internet, ele diz:

> Ali encontro formas de agregação e de sociabilidade, atração coletiva, novas formas de territorialização e subjetividade ligada pelo sentimento dos indivíduos de pertencer a uma comunidade. (p. 105)

Nos dias de hoje, para o indivíduo sentir-se valorizado e reconhecido, precisa mostrar-se ao grupo pertencente ao domínio público, e a visibilidade na rede de computadores é um meio para isso. Da Costa (1998), psicóloga que se dedica a investigar os impactos psicológicos de processos de mudança social, evidencia, ao analisar depoimentos de usuários de sites de relacionamentos na Internet, que o sentimento de pertencimento, muitas vezes difícil de ser concretizado no mundo real, é uma possibilidade ágil e satisfatória no mundo virtual. A autora aponta a rede de computadores como um meio de não se sentir um estranho, de encontrar pessoas com o mesmo estilo de vida, os mesmos interesses ou os mesmos problemas. É um modo de pertencer a um grupo. A Internet surge, pois, como um novo modo de sociabilidade onde o indivíduo sente-se seguro e valorizado. Com a disseminação do uso da Internet, a questão da fama e do reconhecimento adquire novos contornos. A interatividade propiciada pela Internet produz instantes de fama *on-line*, permitindo intensa visibilidade, que confere não somente a sensação de presença, pertencimento e participação, mas também de ser olhado e admirado. Da Costa (1998) afirma que uma das formas de utilização da Internet que vêm se expandindo mais rapidamente é a construção de páginas na Internet, isto é, de sites. Segundo a autora, em 1995, iniciou-se a publicação das páginas virtuais no Brasil e em 1996 já havia mais de quatorze mil endereços virtuais só em nosso país, o que demonstra a velocidade de ocupação do espaço virtual. Hoje, o número de sites no Brasil gira em torno de 1,5 milhão, de acordo com uma pesquisa publicada no site Globo.com. Já os números mundiais chegam a 174 milhões de páginas na Internet. Apesar dos números altíssimos, a reportagem diz que houve uma desaceleração no aparecimento de sites em comparação com os últimos anos.

Essa é uma forma comum utilizada por empresas comerciais para fazer marketing, uma vez que as páginas na Internet cumprem função de vitrine, anúncio e cartão de visita.

Por ser um meio de divulgação, seja de produtos, seja de si mesmo, a exposição na Internet torna-se cada vez mais frequente. Temos como exemplo as páginas pessoais, que permitem a exposição de imagens em tempo real através de *webcams*, que facilitam a exposição, pela Internet, de uma pessoa anônima a um grande número de pessoas. Por meio da *webcam*, o público tem a possibilidade de assistir e participar, em tempo real, da vida rotineira alheia.

Castro (2002) menciona uma das primeiras "exibicionistas *on-line*" a fazer uso de *webcam*. Em 1996, a estudante norte-americana Jenni colocou uma câmera digital em seu apartamento, deixando-a ligada 24 horas por dia. Seu site foi amplamente visitado. Internautas do mundo todo tinham acesso às imagens de seu dia a dia e participavam de sua vida, minuto a minuto.

A Internet não apenas possibilita a exposição de imagens, como também o relato da vida íntima com ampla divulgação. Exemplos disso são os chamados *blogs*, abreviação de *weblogs*, termo que significa "arquivos da rede"; em outras palavras, são páginas pessoais que contêm diários virtuais individuais, nos quais seus autores escrevem e publicam na rede aquilo que desejam. Qualquer indivíduo torna visível ao público exatamente aquilo que gostaria que soubessem a seu respeito. Na maioria das vezes, o conteúdo pode ser acessado por qualquer outra pessoa.

Em 2005, uma pesquisa desenvolvida pela empresa Technorati, que cataloga e faz buscas em *blogs* do mundo inteiro, contabilizou mais de quatro milhões de *blogs*, e os números continuam subindo. A blogosfera cresceu sessenta vezes em apenas três anos. De acordo com a Technorati, em 2007, o número de *blogs* ativos no mundo todo chegou a quase um bilhão. Em apenas cinco meses o crescimento foi de 41%, passando de 70,6 milhões para 99,9 milhões. Com a proporção média de 175 mil novos *blogs* diários, está prestes a chegar aos bilhões. O número de atualizações também surpreende: 1,6 milhão de diários virtuais é atualizado diariamente.

Os diários de Internet chegaram ao Brasil por volta de 2002. Segundo o Ibope/Netratings, em 2008, estimou-se que 11,6 milhões de brasileiros vasculhavam *blogs* frequentemente em busca de entretenimento ou informação.

Esse é um meio cada vez mais solicitado não só como vitrine de imagens, ideias, opiniões e da vida particular, mas como forma de interatividade, uma vez que quem visualiza também pode criticar e fazer comentários instantâneos. Os *blogs* expressam uma nova e complexa forma de comunicação (Amorin & Vieira, 2006).

Hoje, existe no Brasil um extenso grupo de *blogs* famosos, os quais contabilizam extraordinários números diários de acesso. Um dos *blogs* mais acessados soma uma média de 180 mil visitantes por dia. De acordo com uma pesquisa divulgada no site de notícias IG (www.ig.com.br), os dez *blogs* brasileiros mais acessados no ano de 2008 foram:

1. Kibe Loko: http://kibeloco.com.br
2. Blog do Noblat: http://oglobo.globo.com/pais/noblat/
3. Sedentário & Hiperativo: www.sedentario.org/
4. Pensar enlouquece. Pense nisso!: http://pensarenlouquece.com/
5. Uêba: http://ueba.com.br/
6. Favoritos: http://favoritos.wordpress.com/
7. Reinaldo Azevedo: http://veja.abril.com.br/blog/reinaldo/
8. Jacaré Banguela: http://www.jacarebanguela.com.br/

9. B9: www.brainstorm9.com.br/
10. Revolução etc.: http://revolucao.etc.br/

Os *blogs*, em geral, contêm desde escritos literários, políticos, poesias, artigos e opiniões até relatos da vida cotidiana, o mais comum na blogosfera. Estes últimos são, simplesmente, um modo de falar de si próprio, de comunicar suas experiências, opiniões e pensamentos, de abrir sua vida íntima e também de divulgar-se. Muitas vezes, sua finalidade parece ser a busca de certa visibilidade social e um grau de exposição de sucesso pessoal. Assim como os *reality shows*, os *blogs* são uma ferramenta de exposição e abrem a cada indivíduo a possibilidade de alcançar a fama.

Um dos sites de relacionamento que, em 2005, liderou os acessos por brasileiros – mais de quarenta milhões de usuários – foi o Orkut, da Google Inc., criado em janeiro de 2004 por um turco chamado Orkut Büyükkökten. Na época, 70% dos brasileiros conectados na Internet eram responsáveis pelo acesso ao Orkut A partir daí, começam a surgir inúmeros outros sites de rede social no Brasil, como Beltrano (que não mais existe atualmente), UOLkut (hoje chamado UOL K), Gaia e Gazzag (criado em 2005 e a partir de 2008 seu nome mudou para Octopop), por exemplo.

Um dos sites de relacionamento que lideram em número de usuários e é um dos mais acessados do mundo é o norte-americano Facebook. Uma pesquisa publicada no site Olhar Digital, de 2012, aponta que o Brasil possui cerca de 46 milhões de usuários ativos no Facebook. Só nos últimos três meses, a rede social cresceu 22,24% por aqui. Agora, os brasileiros estão atrás apenas dos norte-americanos, que continuam na primeira posição com 157 milhões de membros.

Diz, ainda, que em dezembro de 2011, o Facebook superou o Orkut e se tornou o site de relacionamentos mais popular no Brasil.

Também é possível observar a utilização da rede social como uma ferramenta de superexposição para alguns indivíduos. Muitas vezes, a descrição do perfil pessoal e as fotos divulgadas exprimem uma exaltação pessoal. Descreve-se e expõe-se em fotos a imagem que se deseja transmitir àqueles que a observam através da rede.

Além da descrição do perfil pessoal, a rede de relacionamentos Orkut proporciona a exaltação de si mesmo por meio da filiação a comunidades específicas. Há, por exemplo, comunidades nomeadas como Corpo Perfeito, Famosos no Orkut, Concurso Orkutianas + Lindas, Sou Rico, Inteligente e Lindo, Desculpe, Eu Sou Inteligente, Maravilhosas Mulheres, Muito + as Morenas, Sim, Eu Tenho Boca Sexy, entre outras. Mais uma vez, a visibilidade e o exibicionismo, juntamente com a celebração do eu, aparecem como um desejo e um objetivo.

Uma reportagem da *Folha de S.Paulo* (Salomone, 2007) cita alguns usuários da rede Orkut que se tornaram famosos devido à criação de comunidades com as quais o público se identifica. João Paulo Mascarenhas, por exemplo, criador da Eu Odeio Acordar Cedo, a maior comunidade do Orkut, administra os 3,5 milhões de integrantes apenas pelo prazer de ser requisitado, receber atenção e ser querido no mundo virtual. "Ser uma celebridade virtual aumenta extraordinariamente a rede de amizades e facilita os relacionamentos amorosos, além de fazer seu criador tornar-se o centro das atenções, razões que mantêm

58 FAMA

o desejo de continuar famoso no Orkut", afirma Antonio Carlos Júnior, um dos famosos virtuais.

Outra via de relacionamento pela Internet é a comunicação por *chat*, forma de comunicação instantânea que ocorre em tempo real, por meio da escrita ou mesmo falada através de um microfone. Diversos provedores de Internet, como o UOL, Terra, IG, oferecem esse serviço como forma de entretenimento, conhecido como *bate-papo on-line*. Ainda como meio de comunicação instantânea via Internet, encontramos diversos aplicativos, como o MSN Messenger, ICQ, Skype, Yahoo Messenger, entre outros.

Em seu estudo, Da Costa (1998) evidenciou que, durante as conversações via *chat*, aquilo que o indivíduo fala de si mesmo é, na maioria das vezes, um eu criado para exibir ao outro aquilo que deseja, o que em geral não corresponde a seu eu verdadeiro.

Mas a exposição da intimidade na Internet ocorre de muitas outras formas. Há, por exemplo, diversos sites especializados em encontros amorosos, como Metade Ideal, Par Perfeito e Meu Desejo. Assim como qualquer site de relacionamento, esses sites também oferecem a possibilidade de criar um perfil, exibir fotos e trocar mensagens. Outros sites se especializaram na exibição de fotos pessoais *on-line*; são os chamados *fotoblogs*, dos quais o Flickr é um dos mais visitados. Há também o Twitter, uma espécie de *microblog* em que cada um posta mensagens com um limite de 140 caracteres para dizer o que está fazendo naquele exato momento. Para além dos relacionamentos pessoais, há sites que se especializaram em relações profissionais e na exibição de um perfil profissional. O Via6 e o Linked In, por exemplo, são redes de relacionamentos que conectam profissionais, colegas de trabalho e de área de atuação com a finalidade de trocar informações e notícias, compartilhar artigos e promover discussões sobre as áreas de interesse. Além disso, permitem estabelecer contato direto com empresas, facilitando a busca por emprego. Em 2009, o Via6 tinha mais de quinhentos mil usuários e mais de cinquenta mil empresas cadastradas.

De acordo com o site Via6:

> O principal objetivo de nossos serviços é fazer com que sua vida profissional se aprimore adquirindo novos conhecimentos e informações, bem como aumentando sua rede de relacionamentos. Tais atividades lhe proporcionarão também novos empregos, clientes, fornecedores e parceiros. (www.via6.com)

A exposição da imagem do indivíduo tem como metas a visibilidade e o sucesso. A propaganda que fazemos de nós mesmos, o número de conquistas e de habilidades que exibimos e aquilo que parecemos ser para o outro são a chave para nos tornarmos indivíduos bem-sucedidos.

FAMA EM TODA A PARTE

O desejo da fama, quando não está presente nos meios de comunicação mais explícitos, atinge e exprime-se no próprio cotidiano e no convívio com a família. Querer sobrepor-se aos demais ou destacar-se com alguma habilidade particular são saídas encontradas por algumas pessoas que desejam a fama, porém não têm acesso à mídia, que lhes ofereceria um público mais numeroso. No esporte, na música, na estética corporal, nas tarefas escolares ou nas relações profissionais, pode ser observado o desejo de um indivíduo de adquirir uma visibilidade que o faça sentir-se especial e diferente perante seu pequeno grupo de convívio e tornar-se famoso em sua comunidade. Hoje, o indivíduo é valorizado por seus esforços e suas conquistas. Vive em um mundo de competições, e a disputa presentifica-se nas diversas áreas de sua vida.

A SOCIEDADE DE MASSAS E O VAZIO DAS INDIVIDUALIDADES

Ao analisar a sociedade contemporânea, Sennett (1974/1998) assinala uma reconfiguração dos espaços público e privado, afirmando que hoje há um esvaziamento da vida pública. Segundo o autor, a sociedade atual caracteriza-se por uma sociedade de massas, em que o convívio na esfera social se dá entre desconhecidos. O espaço público comum de encontro e de relacionamento entre os indivíduos perde-se em meio às multidões, e é para essa população de desconhecidos que o indivíduo expõe sua intimidade. O íntimo perde sua similitude ao privado; as relações afetivas e intimistas, antes restritas ao núcleo familiar, agora expõem-se à vida pública da multidão massificada, ao passo que, cada vez mais, a família mostra-se desestruturada.

Sennett (1974/1998) descreve, de modo explicativo, as organizações sociais até as atuais características da sociedade, a fim de torná-las compreensíveis. De acordo com o autor, foi no século XVIII que, em consequência da formação e do crescimento de um Estado burguês, o espaço público ampliou-se e separou-se cada vez mais do espaço privado. A esfera pública emergiu em decorrência de uma opinião pública que se formou a partir das conversas nos cafés e nos clubes, de início em torno dos assuntos domésticos e das artes, porém sempre referindo-se ao convívio com pessoas externas ao grupo íntimo.

A ascensão dos clubes foi incentivada pela urbanização, sobretudo pelo crescimento da população. Surgiu uma grande variedade de clubes que agrupavam as pessoas de acordo com seus interesses: clubes científicos, de música, de debates, bebidas, entre outros.

Burke (2002) explica que, qualquer que fosse o tema do clube, todos assumiam uma estrutura comum. A socialização ocorria por meio de reuniões frequentes, com muita bebida, conversas e discussões entre os integrantes, tendo como princípio manter a fraternidade no convívio. Havia uma organização governamental, com regras a serem seguidas e dirigentes que se prestavam a manter a ordem. O autor ressalta: "Os clubes eram governos em miniatura, ou pequenos parlamentos, oferecendo um treinamento em cultura democrática, em liberdade, igualdade e, sobretudo, em fraternidade" (Burke, 2002, p. 3). O desenvolvimento dos clubes atingiu seu auge no século XIX, no momento em que os mais pobres fundaram clubes abertos à afiliação da massa, como os clubes beneficentes e as sociedade de proteção aos animais e às crianças. Nessa época, o público estendeu-se para além da definição de *grupo político*, abrangendo o contato com um grande número de pessoas. Nas palavras de Sennet (1974/1998):

62 Fama

> [...] havia um número muito maior de burgueses. As cidades onde moravam estavam se tornando um mundo em que grupos muito diversos estavam entrando em contato na sociedade. Na época em que a palavra *público* já havia adquirido seu significado moderno, portanto, ela significava não apenas uma região da vida social localizada em separado do âmbito da família e dos amigos íntimos, mas também que esse domínio público dos conhecidos e dos estranhos incluía uma diversidade relativamente muito grande de pessoas. (p. 31)

Foi exatamente em resposta à exacerbação do espaço público social e à multiplicação dos aglomerados de pessoas que, no final do século XVIII, com os românticos, começou a se desenvolver a preocupação com a privacidade. O século XIX pode ser bem definido por uma volta à privacidade. Tem-se aqui a particularidade do que se chama de *privacidade* na época moderna. Houve uma crescente valorização do indivíduo e do intimismo, e conhecer-se a si mesmo emergiu como a finalidade última. O que antes era o convívio com o grupo íntimo tornou-se o reinado da expressão da personalidade única e distinta. Nasceu uma sociedade formada por indivíduos. Sennett (1974/1998) expõe:

> Antes do século XIX, o domínio próximo ao eu não era considerado o reino da expressão da personalidade única e distintiva; o privado e o individual ainda não se haviam unido. As particularidades do sentimento individual não tinham – como ainda não têm – uma forma social definida, porque, ao contrário, o domínio próximo ao eu estava organizado por meio de "afinidades" naturais, universais e humanas. (p. 117)

A moderna exacerbação da privacidade acompanhou também uma nova forma dada ao domínio público. Na contemporaneidade, assistiu-se à dissolução da extensão pública enquanto área destinada ao debate político, instaurando-se uma cisão entre eles. Houve uma transformação do público em massa. Mills (1975) distingue claramente essas duas formas de público:

1. **Público-político**: o número de pessoas que expressam e recebem opiniões é aproximado; a comunicação é organizada: um outro responde à opinião expressa; prontamente encontra-se uma saída na ação efetiva; as instituições de autoridade não penetram no público, que é, em parte, autônomo em suas operações.

2. **Público-massa**: o número de pessoas que opinam é extensamente menor do que o número de pessoas que recebem; a comunidade é um conjunto abstrato de indivíduos que recebem impressões por meios de comunicação de massa; não há resposta imediata a qualquer opinião expressa; a transposição da opinião para a ação é controlada pelas autoridades; a massa não tem autonomia perante as organizações.

No século XIX, com o contínuo alargamento da esfera social, a arena pública estendeu-se à massa urbana. O público adquiriu um caráter social desprovido de consciência política, enquanto o privado restringiu-se ao íntimo, ao singular, à identidade pessoal. Conforme descrito, em épocas anteriores não havia um estranho na multidão; a convivência se dava no âmbito familiar, e não com desconhecidos. Com o crescimento da população e o surgimento das

64 FAMA

grandes massas nos centros urbanos, o contato com estranhos tornou-se inevitável. O mundo exterior social passou a ser desconhecido e impessoal, a parecer receoso e vazio; as ruas tornaram-se meros lugares de passagem, trilhados por uma multidão solitária de desconhecidos. Os indivíduos passaram a refugiar-se em seu mundo privado, marcando a divisão entre o que é público e o que é privado. Houve a necessidade de uma volta ao próprio eu, a fim de fugir desses desconhecidos e usufruir sua autenticidade, aquilo que lhe era único. Tais condições de um novo ambiente social levaram as pessoas a buscar a si mesmas, sua individualidade e autorrealização. Em consequência disso, o outro passou a ser cada vez menos valorizado. Ao longo da História, as pessoas foram se conhecendo como donas de desejos e sentimentos cada vez mais peculiares.

Com o redimensionamento dos espaços privado e público, emergiram novas formas de o homem vivenciar sua intimidade. A antiga estrutura familiar íntima e o grupo mais próximo já não mais se mantiveram com tanta força. No final do século XIX, observaram-se a desconstrução de uma ordem familiar antiga e a emergência de uma nova estrutura familiar. Roudinesco (2003) afirma que, quando se olha para as famílias de hoje, percebe-se que pouco resta da antiga família patriarcal, imutável, regida por um pai autoritário. Esse modelo de família patriarcal carregava em sua base rígidos valores morais e direcionamentos sobre o que se podia ou não fazer, o que permitia a formação de valores e papéis muito bem estabelecidos. A autora Roudinesco (2003) não defende o modelo patriarcal como ideal, mas aponta para sua característica essencial na formação do indivíduo, a qual não se observa nas famílias atuais. Hoje, em seu lugar, veem-se famílias rompidas, desestruturadas e, muitas vezes, recompostas de forma diferenciada dos modelos antigos.

O reconhecimento, a valorização e o sentimento de ser importante agora precisam ser dados pelo outro da rede social, deixando de ser somente a família. A família tornou-se cada vez mais pública e impessoal. Com a decadência da vida privada em família e a exacerbação da privacidade individualista, propiciaram-se condições para que a intimidade se abrisse ao público e, assim, o lugar de valor na sociedade atual fosse concedido por essa exposição da intimidade.

De acordo com Berry (1987/1991), hoje os indivíduos não são suficientemente reconhecidos nem no meio mais íntimo familiar, nem no ambiente público massificado, e isso gera uma crise de existência. Eles são, então, impulsionados a buscar reconhecimento destoando-se da massa.

Mais recentemente, as comunidades virtuais são um exemplo de novas formas de convívio e de sociabilidade. Essa apropriação social da web pelas comunidades virtuais, *blogs, fotoblogs* e *chats* constitui uma nova forma de habitar o espaço público.

Da Costa (2005) afirma que a utilização da Internet e as diversas interações que ela possibilita fazem emergir um novo sujeito, característico do século XXI. Na época atual, o espaço público e o privado mostram-se emaranhados por um sistema que tolera cada vez menos espaços demarcados. Não há mais uma divisão rígida entre eles, o que faz com que a intimidade seja levada a público. O homem de hoje usufrui a esfera pública como um local de expressão de suas opiniões, de suas vivências e experiências particulares, e de modos de realização de seus desejos. A vida íntima sobe ao palco e exibe-se à plateia.

As reorganizações e modificações ocorridas nos espaços público e privado encontram-se na fonte de fenômenos como a exaltação do ser individual e sua busca por reconhecimento. O homem passa a ser valorizado naquilo que o torna um ser individual. Vem a necessidade de *status* pessoal, beleza física e ascensão profissional. A individualidade só pode ser alcançada por formas de fazer diferente. Theodoro (2004) diz:

> [...] o homem, capturado em sua própria liberdade, procura de maneira acertada ou não ver-se e revelar-se como único, como sujeito de sua própria vida. E, para tanto, sente a necessidade de construir, "conscientemente", uma personalidade. (p. 17)

O almejado momento de glória passa a ser uma necessidade para o indivíduo sentir-se alguém na multidão. O valor pessoal somente é dado quando eleva-se ao topo das massas. Então, sua particularidade como sujeito único e diferente dos demais é reconhecida, nem que por alguns instantes.

O filósofo e sociólogo francês Gilles Lipovetsky (1983/2005) define o que chamou de *paradigma individualista* como aquele em que o indivíduo emergente (na era pós-moderna) está preocupado em diferenciar-se da multidão. Em concordância, Coelho (1999) afirma:

> Inextricavelmente ligada ao anonimato, a fama aparece como o lado glamuroso dessa tensão, como possibilidade sedutora para a

condição do indivíduo moderno: a chance de escapar à massificação. [...] Falando em indivíduos anônimos, o mito da fama não concede mais do que rápidos lampejos de uma felicidade idealizada, sempre ressalvada pela sombra da obscuridade. (p. 39)

A sociedade contemporânea traz uma lógica à base de rupturas e descontinuidades, apoia-se na cultura da novidade e da mudança, bem como na negação das tradições. A cultura insiste em gerar, incessantemente, um outro novo, negando seu anterior. Nesse processo, a negação deixa de trazer qualquer originalidade, produzindo a repetição da quebra de tradições, ou seja, o imperativo é negar, embora não haja algo que se coloque em seu lugar. Não há mudanças culturais, de valores, de doutrina religiosa, nem revoluções. A cultura atual é arrematada pela negação de toda e qualquer ordem estável.

Lipovetsky (1983/2005) afirma que hoje a sociedade apresenta-se fragmentada, sem qualquer característica homogênea. A cultura aberta se enche de direções e possibilidades, uma vez que os valores tradicionais perdem suas virtudes. Esse modo de vida em sociedade, descrito por Lipovetsky, condiz com o pensamento de Debord (1967/1997), conforme será explicitado mais adiante. A produção de massa, o crescimento do consumo e a mídia são fatores apontados por Lipovetsky como fundamentais na disseminação de novos produtos e na quebra de modelos fixos. Agora tudo pode ser consumido e, dentre as ilimitadas ofertas, a escolha é do indivíduo. Todos os modos de vida são aceitos e bem-vindos. A variedade de objetos, a publicidade e a mídia fazem com que o indivíduo esteja, a todo momento, aberto às novidades, a um modo de vida diferente, a transformações em seu próprio corpo e em seu modo de ser, sem resistência alguma.

Os opostos, como belo e feio, bom e mal, verdadeiro e falso, tornam-se flutuantes; o vazio do desmoronamento dos ideais e dos sentimentos traz a indiferença. Nada mais é tão desejado, tão surpreendente, tão valorizado; o que é lido na Internet tem o mesmo valor que a palavra da família, da política e dos programas de televisão. Tudo pode coexistir com o mesmo peso, sem exclusão. Unicamente aquilo que surge como novo consegue chamar a atenção e, mesmo assim, somente até deixar de ser novidade. Nessa cadeia, o sensacionalismo e o espetáculo descritos por Debord (1967/1997) são cada vez mais promovidos.

A quebra dos valores tradicionais e as diversas possibilidades de ser oferecidas ao indivíduo não implicam a inexistência dos modelos ideais, mas a falta de um único dominante. Ao contrário, inúmeros modelos são apresentados com enorme rapidez. O indivíduo busca esses diversos ideais renovados na tentativa de conservar sua própria individualidade, distingue-se de qualquer diferença já estabelecida pela cultura. Lipovetsky (1983/2005) destaca uma extremada diferenciação dos demais. A diferença precisa ser estabelecida de indivíduo para indivíduo; deseja-se a unicidade sem mais qualquer atributo que o confunda com outro. O autor afirma:

> [...] a era do consumismo tende a reduzir as diferenças instituídas desde sempre entre sexos e gerações em benefício de uma

hiperdiferenciação dos comportamentos individuais, hoje em dia livre dos papéis e convenções rígidas. (p. 86)

A erosão das referências do eu, a dissolução das identidades e a falta de papéis definidos que garantem a importância do indivíduo no meio social fazem com que a realização do indivíduo esteja em investir em si mesmo a fim de atingir sua individualidade. Mas Lipovetsky (1983/2005) aponta que isso coincide com seu esvaziamento, devido ao excesso de possibilidades que o indivíduo consome, daquilo que ele pode ser, do que faz e do que deseja. Para o autor, não é a falta, mas o excesso de modelos a serem seguidos que esvazia o sentido.

Se tudo é permitido, se há um mundo de possibilidades, ao indivíduo cabe apenas escolher aquilo que deseja. Porém, o valor e o significado dos objetos não estão em lugar algum; dependem exclusivamente do próprio indivíduo. Não encontrando referências externas para a construção dos valores dentro de si, tudo é possível, é bom e é objeto de desejo, e, ao mesmo tempo, nada é significantemente desejado. Os objetos não são investidos de significado. Se tudo é bom, nada será tão bom assim.

É possível afirmar que o homem contemporâneo direciona-se para a construção de uma personalidade voltada para a autonomia de tudo ser, da busca de prazer, da novidade e do bem-estar, que, em concordância com o que Lipovetsky (1983/2005) defende, trazem ao indivíduo um desamparo e vivência de vazio.

O narcisismo é um modo de vida gerado pela flutuação dos ideais e pela queda identitária; é um comportamento resultante de um processo amplo que rege o funcionamento social, que surge de uma deserção de valores e finalidades sociais. O modelo não mais é dado para enquadrar-se na massa, mas projetado para o individual. A aparência, o prazer e o bem-estar de cada um imperam na mídia e no imaginário social, promovendo o individualismo. O eu tomado como alvo de investimentos é uma forma de ajuste ao meio social. Entretanto, Lipovetsky (1983/2005) aponta que o hiperinvestimento em si mesmo torna o eu esvaziado de sua identidade. Da mesma maneira que ocorre com a sociedade, o eu perde suas referências e sua unidade pelo excesso. O vazio de sentido do que se é envolve o indivíduo contemporâneo: "O eu instável, que é o único capaz de se movimentar em sincronia com uma experimentação sistemática e acelerada" (Lipovetsky, 1983/2005, p. 39).

AS IMAGENS, A ESTETIZAÇÃO DO EU E O IMPERATIVO DA FELICIDADE

Lasch (1979/1983) descreve a época atual chamando-a de *cultura do narcisismo*. Com essa denominação, o autor sintetiza as formas narcisistas de relações como sendo baseadas no individualismo e na satisfação das necessidades e dos próprios desejos. Para o autor, a era pós-moderna opera em um processo de personalização, intensificando a expressão de uma identidade singular. Busca-se incansavelmente consumir incontáveis tecnologias de bem-estar físico-mental, a fim de delegar maior poder a si mesmo e de se tornar cada vez mais original e único. A valorização de um indivíduo personificado e estetizado marca a contemporaneidade, o que gera demasiados investimentos no próprio eu e uma busca contínua por realizar-se e conquistar o sucesso. O homem assume uma direção autocentrada e exibicionista. A característica fundamental da sociedade contemporânea é a visibilidade, própria de culturas narcísicas.

Ao estudar a atual sociedade, Debord (1967/1997), precursor na teorização da vida mediada por imagens, acrescenta que não apenas se busca o sucesso, mas, primordialmente, uma imagem de sucesso. Um não implica necessariamente o outro. A aparência que se cultiva e se exibe é que se torna essencial para garantir a visibilidade e o valor perante o outro. O fim é aquilo que se aparenta ser; a realidade vivida faz-se em forma de imagens com um fim em si mesmas. O tema proposto por Debord também vem sendo tratado por diversos outros autores. Kehl (2004), por exemplo, afirma:

> A autoestima, essa parcela de amor que devemos a nós mesmas(os) a fim de seguir vivendo confiantes de que o mundo, de um modo ou de outro, nos sorri, depende cada vez mais da visibilidade. Não se trata apenas da beleza. Não basta ter um rosto harmonioso, um corpo bem proporcionado. É preciso aumentar sua taxa de visibilidade, ocupar muito espaço no mundo. É preciso fazer sua imagem crescer. Inflar os bíceps, as nádegas, os peitos, aumentar as bochechas, esticar o comprimento dos cabelos. A receita da mulher bonita do terceiro milênio deve ser: muito tudo. (p. 1)

72 Fama

Em um evento psicanalítico[9], Costa (1994) expôs que o corpo passou a servir de vitrine, ou seja: "[...] o que sou é o que aparento, meu corpo fala por mim". Calligaris (citado por Costa, 1994) diz que aquilo que o indivíduo é depende também do reconhecimento dos outros – é o *crédito coletivo*. O indivíduo convive com uma série de padrões universalmente reconhecíveis e tem que se habituar à tarefa de decidir quem é. Ou, melhor dizendo, precisa lidar com a responsabilidade de decidir qual imagem gostaria de divulgar àqueles com quem convive, e então buscá-la. A velocidade do sistema de informação do mundo globalizado e o sedutor discurso da mídia fazem o indivíduo acreditar que tudo é possível, que ele pode ter e ser tudo o que quiser. "O espetáculo moderno exprime, pelo contrário, o que a sociedade pode fazer, mas, nessa expressão, o permitido opõe-se absolutamente ao possível" (Debord, 1967/1997, p. 23).

Lipovetsky (1992) evidencia que, até poucas décadas atrás, os produtos anunciados e promovidos na mídia restringiam-se a objetos de consumo e a objetos de grife desejados pelo público devido a seu aparecimento na mídia. Entretanto, cada vez mais, a aparência física, o sexo, o amor, as relações interpessoais e até a vida privada transformam-se em produtos a serem aspirados pela população.

O consumismo interfere na privacidade do indivíduo. Os gostos, os comportamentos, a aparência, o bem-estar também são comercializados. Como é necessário ter uma

---

[9] Evento promovido pelo Círculo Psicanalítico do Rio de Janeiro, em 7 de maio de 2001, com a participação de Jurandir Freire Costa, Contardo Calligaris e Carmem Da Poian (Martins, 2001).

A CULTURA DA FAMA **73**

imagem para vender, os indivíduos investem cada vez mais na construção dessa imagem e escolhem, dentre o que lhes é oferecido pela mídia, a imagem que gostariam de reter. Tudo está sujeito à comercialização. Nas palavras de Costa (1994):

Na mídia, pessoas, coisas ou eventos recebem o mesmo tratamento. O espaço publicitário considera irrelevantes as tradicionais divisões entre fatos e valores, público e privado. O virtuoso e o vicioso; o simulacro e a realidade; o caricato e o autêntico, tudo é nivelado, no noticiário, pela medida do sucesso de vendas. Não se pede mais ao indivíduo que "excelencie"; pede-se que "apareça", que "se mantenha em cartaz". Não se pede mais que pense em qual é a melhor escolha moral para ele e para outro; pede-se que calcule qual a melhor tática para ser "bem-sucedido". A dignidade do sujeito moral perdeu sua função de fundamento da ética. Só é notícia se, no momento e na circunstância, revelar-se um produto vendável. (p. 47)

Vivencia-se um tempo de empobrecimento das referências simbólicas e proliferação das imaginárias. Hoje, o homem existe como objeto imaginário no plano público, aquele que se constrói e age em conformidade com um personagem criado para atender à imagem ideal social de indivíduo bem-sucedido.

Hoje, o homem é o novo produto e precisa vender a própria imagem, reflexo do domínio da economia capitalista e suas mercadorias. O espetáculo torna-se uma necessidade social. "A administração desta sociedade e o contato entre os homens já não podem ser exercidos senão por intermédio desse poder de comunicação instantâneo (o espetáculo)" (Debord, 1967/1997, p. 22). O espetáculo começa a aparecer na sociedade no final do século XIX. Essa sociedade que

74 FAMA

segue até a atualidade, definida pelo autor como *sociedade dos espetáculos*, seria caracterizada pela supremacia da imagem sobre qualquer outra forma de comunicação e também pela submissão alienante ao império da mídia. O espetáculo é a principal produção da sociedade atual:

> O conceito de *espetáculo* unifica e explica uma grande diversidade de fenômenos aparentes. As suas diversidades e contrastes são as aparências organizadas socialmente, que devem, elas próprias, serem reconhecidas na sua verdade geral. Considerado segundo os seus próprios termos, o espetáculo é a afirmação da aparência e a afirmação de toda a vida humana, socialmente falando, como simples aparência. Mas a crítica que atinge a verdade do espetáculo descobre-o como a negação visível da vida; uma negação da vida que se tornou visível. (p. 16)

Ao estudar Lasch (1983) e Debord (1967/1997), Birman (2000) acrescenta que:

> Examinando o campo social da atualidade, pode-se constatar, sem muita dificuldade, que o autocentramento do sujeito atingiu limiares impressionantes e espetaculares, se o compararmos com os momentos anteriores da história do Ocidente, quando se instituiu e se reproduziu a visão individualista do mundo. Partindo dos pressupostos desta, o individualismo, como autocentramento absoluto do sujeito, atingiu seu cume e limiares até então impensáveis. (p. 166)

Nos dias de hoje, prevalece o princípio de que somente obtendo o olhar e a admiração do outro é que sua existência passa a ser validada e ganha um sentido. No "parecer", toda realidade individual torna-se social. Ainda segundo Debord (1967/1997):

O espetáculo apresenta-se como algo grandioso, positivo, indiscutível e inacessível. Sua única mensagem é "o que aparece é bom o que é bom aparece". A atitude que ele exige por princípio é aquela aceitação passiva que, na verdade, ele já obteve na medida em que aparece sem réplica, pelo seu monopólio da aparência. (p. 17)

Se tudo o que é bom aparece, então resta aos indivíduos aparecer para confirmar que são suficientemente grandiosos. Aparecer aos olhos dos outros garante o sucesso, enquanto, no outro extremo, não ser visto prende o indivíduo num lugar de fracasso. Birman (2000) explicita que os quadros clínicos da atualidade mostram sempre um sujeito fundado no fracasso de sua participação na cultura do narcisismo. Ele afirma:

Quando se encontra deprimido e panicado, o sujeito não consegue exercer o fascínio da estetização de sua existência, sendo considerado, pois, um fracassado segundo os valores axiais dessa visão de mundo. (p. 169)

Nesse contexto, a exaltação e a estetização do eu são cada vez mais perseguidas como forma de fugir do fracasso e de obter reconhecimento. O exibicionismo e a exterioridade são as formas primordiais da subjetividade na sociedade do espetáculo.

Ao perceber essa tendência, Damante (2003) sugere diversas estratégias para uma pessoa famosa se manter em evidência na mídia e prender a atenção do público por meio da imagem que transmite. Entre elas destacam-se as seguintes: casar; ficar noivo; trocar de namorado; mudar de casa; mudar o cabelo; emagrecer; criar um site pessoal; aderir a uma nova religião; pôr em dúvida sua sexualidade;

76 FAMA

perder a virgindade; engravidar; adotar um hobby; inventar uma mania ou coleção; revelar à imprensa hábitos e traços de personalidade; posar nu; ajudar uma entidade carente; mudar de nome; bancar a(o) louca(o); inventar rituais; lançar um livro; defender os direitos de uma minoria. Tudo é válido, se o que chama a atenção é o novo e o inesperado, então é isso que deve ser "fabricado" para atrair os olhares do público. O que importa é a imagem a vender para os outros.

Em concordância, Fischer (2004, p. 95) afirma que: "[...] a vida real e íntima das celebridades exige um bocado de ficção para chegar às capas de revistas". Debord (1967/1997) aponta que, na construção consciente daquilo que se quer exibir, o homem compreende cada vez menos sua existência e seu desejo, separa-se de si mesmo para se reconhecer nas imagens. O homem passa a ser a própria imagem que constrói de si.

O espetáculo convive com a lógica do novo. O inesperado surge e atrai a atenção[10]. No momento seguinte, surgem outras novidades, fazendo o restante virar passado. Hoje, a globalização permite a difusão dos meios de comunicação para a grande massa populosa; experienciamos um mundo de tecnologia e comunicação expandidas. A vida é ágil, as decisões precisam ser tomadas rapidamente, e as soluções precisam ser encontradas – não há tempo a perder. Tal como os produtos à disposição no mercado, os

---

[10] Lipovetsky (1983/2005), em *A era do vazio: ensaio sobre o individualismo contemporâneo*, e Lasch (1979/1983), em *A cultura do narcisismo: a vida americana numa era de esperanças e declínio*, descrevem a era contemporânea em concordância com os pensamentos de Debord (1967/1997).

seres humanos tornam-se fugazes e descartáveis. O desejo é direcionado àquilo que dá prazer imediato, que faz rir, que emociona, que prende a atenção. É a superficialidade que ganha espaço na sociedade, assim como o que é efêmero e hedonista.

Ao falar sobre a cultura do narcisismo, Lasch (1979/1983) afirma que a época atual é marcada pelos interesses individuais, que o modo de vida é centrado em extrair prazer no "aqui e agora". A aquisição de produtos comercializáveis ultrapassa a posse de objetos. Para além do "ter", há um desejo de consumo de experiências extraordinariamente gratificantes, um hedonismo onipresente nas diversas formas de consumo. Hoje, o que rege o desejo passa de um simples bem-estar para aquilo que seria uma satisfação absoluta e suprema, vendida pela mídia.

Conforme Lipovetsky (1983/2005), são duas as principais premissas da cultura contemporânea: primeiramente, que o objetivo da vida é a felicidade, o prazer supremo, a aquisição de um estado permanente de perfeita satisfação e plenitude; em segundo lugar, que o culto ao eu, o narcisismo, leva à paz, ao bem-estar e à harmonia. Acredita-se que o modo de alcançar o hedonismo se dá por meio de investimentos narcísicos. Buscam-se, então, beleza, saúde, sucesso profissional, pessoal, boas relações sociais, a aquisição de objetos e o consumo de experiências com a finalidade de alcançar a felicidade plena.

A fama traz em sua imagem o ideal contemporâneo das possibilidades ilimitadas de bem-estar e aponta para a felicidade tão desejada numa cultura de personalidades. O desejo

78 FAMA

da fama está estreitamente relacionado ao que Costa (1994) chama de *ideologia do bem-estar*. O autor afirma:

> Na ideologia do bem-estar, o que conta não é a virtude, é o sucesso. A distância ética entre os dois é enorme. O sucesso é indiferente à virtude. Seu parâmetro é a visibilidade, donde a simbiose com a publicidade ou o "espaço publicitário". O sucesso vive da publicidade e ambos dependem do mercado de objetos. O sucesso só é sucesso se é notícia, e a notícia só é notícia se é um artigo, um produto vendável. [...] O sucesso tornou-se um meio "naturalizado" ou "socializado" de construção de identidade pessoal. A diluição do sujeito na moral do consumo e do mercado faz do sucesso uma das poucas condições de posse da admiração do outro. (p. 46-7)

A realização e o sucesso na mídia asseguram as conquistas pessoais e a correspondência com os ideais impostos. Os indivíduos necessitam de estímulos externos que informem o quanto estão em conformidade com os ideais vigentes e, portanto, se lhes pertencem a juventude, a beleza o sucesso e a felicidade. Costa (1994, p. 47) afirma: "O emblema do sucesso é a permanência em cartaz e os objetos que exibem. A angústia do anonimato causa inveja do sucesso e avidez pela publicidade".

Nos dias de hoje, o sonho da eterna juventude presentifica-se na forma de um imperativo. Inúmeras propagandas veiculadas pela mídia indicam como o indivíduo deve ser, agir, pensar, se comportar, como atingir metas e ideais que o transformarão em uma pessoa melhor, mais bela, mais magra, mais inteligente, mais rica, mais jovem, mais saudável e, por fim, mais feliz.

A preocupação com as formas, a preservação da juventude e da beleza e as vivências prazerosas perpassam a busca por um bem-estar ou prazer pessoal e continuam a serviço das aparências. O semblante de felicidade e de desfrute da vida é o que se deseja conquistar; a imagem é a finalidade, e não o meio. A imagem de felicidade que se transmite aos outros é aquilo que se anseia.

Capítulo 2
Contribuições da psicanálise à compreensão do desejo de fama

"Somos todos semelhantes à imagem que os outros têm de nós."
Borges (1999, p. 433)

SENTIMENTO DE EXISTÊNCIA E IDENTIDADE

O sentir-se existir, a princípio, não é algo definível, tampouco a individualidade, a singularidade e a particularidade podem ser compreendidas em sua plenitude. Em seu trabalho *O ego e o id,* Freud escreve que o ego não tem representação de si mesmo, é uma superfície que recebe representações de objetos: "Ele (ego) pode ser assim encarado como uma projeção mental da superfície do corpo" (Freud, 1923/1976, p. 40). Na psicanálise, a imagem egoica não é dada de forma absoluta e completa, mas se constitui nas vivências e experiências na relação com o outro. Não há algo em comum que garanta a existência subjetiva de todo e qualquer indivíduo, mas pode-se falar em um sentimento de existência como algo percebido subjetivamente pelos indivíduos.

Para Freud (1911a/1996), a constituição do eu ocorre a partir das sensações de prazer e desprazer corporais. O desprazer físico sentido por estímulos internos ocasiona a demanda por objetos externos que tragam satisfação. A figura materna, segundo o autor, é quem proporcionará a satisfação ao bebê. Entretanto, o contato com as frustrações é inevitável, uma vez que a mãe não pode prover seu bebê anteriormente à sensação de desconforto. Em decorrência das experiências de desapontamento o bebê, então, se depara com a realidade frustrante que impõe o reconhecimento da separação entre o eu e o não eu. Esse momento primitivo infantil é extensamente descrito por Winnicott. A teoria de Winnicott (1970/1994) contempla um estudo sobre o momento da passagem do não eu para o eu, quando se constitui o que o autor nomeia de *self*, isto é, o momento em que começa a formar o sentimento de ser e a imagem de si. *Self* é definido por Winnicott como: "(...) a pessoa que eu sou, que possui uma totalidade baseada na operação do processo maturativo".

No estudo da relação mãe-bebê e seu desenvolvimento, Winnicott confere uma ênfase maior na função da figura materna, que é o ambiente primitivo do bebê, já que este, logo que nasce, existe apenas na relação de indiferenciação com a mãe, não sobrevivendo sem ela. Winnicott, assim como Klein, minimiza a importância do complexo de Édipo na estruturação da personalidade e do sujeito. Há uma ênfase maior na primitiva relação pré-edipiana do bebê com a mãe, considerado o momento de maior importância para a constituição do eu.

Klein (1957/1974) afirma:

No decurso de todo o meu trabalho, atribuí importância fundamental à primeira relação de objeto do bebê – a relação com o seio materno e com a mãe – e cheguei à conclusão de que se esse objeto primário, que é introjetado, se enraíza no ego com relativa segurança, acha-se assentada a base para um desenvolvimento satisfatório. (p. 29)

Winnicott (1970/1994) realça também a importância do olhar da mãe sobre o bebê. Ele afirma que o bebê se vê primeiramente no rosto da mãe e depois num espelho, o que permite a descoberta do eu. Os gestos maternos, que são essencialmente estimulações sensoriais para o bebê, tornam-se uma forma de comunicação. O olhar da mãe sobre o bebê inicia a função especular. Ao olhar para o rosto da mãe, o bebê está vendo a si mesmo. Segundo o autor:

O self se reconhece essencialmente nos olhos e na expressão facial da mãe e no espelho que pode vir a representar o rosto da mãe. O self acaba por chegar a um relacionamento significante entre a criança e a soma das identificações que (após suficientes incorporação e introjeção de representações mentais) se organizam sob a forma de uma realidade psíquica interna viva. (p. 210)

O sentimento de um eu se fundamenta na descoberta da imagem especular antes de toda e qualquer determinação social ou qualquer relação objetal. A imagem especular da criança é apontada pelo adulto desejante como objeto de seu próprio desejo. O bebê, então, passa a se perceber nessa imagem através do olhar de seu desejante, pois a imagem no espelho representa a imagem que o bebê tem para seu desejante, quem ele é para aquela pessoa que o ama e de quem ele é tão dependente. Winnicott (1945) descreve que, no início da vida, o bebê vivencia um estado de não integração. A mãe é de extrema importância em sua formação estrutural, pois é ela o ambiente primeiro com o qual o bebê se relaciona desde o nascimento, sendo absolutamente dependente da provisão física e emocional que ela lhe proporciona. Nesse momento inicial, a mãe e o bebê encontram-se fundidos num estado de não diferenciação. O autor afirma que, originalmente, o bebê vivencia a mãe e que suas ações não são como de um ser separado, mas sim como parte de si, sem ter ainda a diferenciação eu-tu estabelecida.

A mãe que se identifica com seu filho e com suas necessidades, chamada por Winnicott (1965/1983) de "mãe suficientemente boa", tem uma importância vital para a saúde psíquica do bebê. Essa mãe suficientemente boa não deve ser confundida com uma mãe supostamente perfeita, mas sim vista como uma mãe flexível o suficiente para poder acompanhar o filho em suas necessidades, que oscilam e evoluem no percurso para a maturidade e a autonomia.

No início da vida, o bebê encontra-se exposto a inúmeras ansiedades, por apresentar grande imaturidade de recursos egoicos; por isso, depende de sua mãe de forma absoluta. Os cuidados maternos e a identificação com as necessidades do bebê é que vão protegê-lo dessas ansiedades. De acordo com Winnicott (1945/1988):

> A importância da mãe é vital, especialmente no início; realmente, a mãe tem como tarefa proteger seu bebê de complicações que

CONTRIBUIÇÕES DA PSICANÁLISE À COMPREENSÃO DO DESEJO DE FAMA **85**

> ele não pode entender ainda e continuar a fornecer, de maneira uniforme, o pedacinho simplificado de mundo que a criança, através dela, passa a conhecer. (p. 280)

Os cuidados maternos se concretizam nas experiências que envolvem a manipulação do bebê, o mexer, o olhar e o manejar a criança, atendendo a suas necessidades corporais (*handling*); sua atitude interior de sustentação e contenção da criança, tornando-a segura e amparando-a (*holding*); e a apresentação do objeto, que consiste em entregar ao bebê o objeto desejado no momento em que a criança precisa dele, atendendo a suas necessidades.

A mãe que se encontra intimamente identificada com seu bebê sabe o que ele precisa em qualquer momento, atende-o no tempo certo e lhe oferece o objeto que o satisfaz. A mãe que age de maneira a estar disponível diante de uma excitação do bebê proporciona a ele uma ilusão de criação, permitindo que ele tenha uma experiência de onipotência. A mãe dá ao bebê a ilusão de que o objeto de satisfação por ela apresentado foi ele mesmo quem criou (Winnicott [1971/1975]):

> A mãe, no começo, através de uma adaptação quase completa, propicia ao bebê a oportunidade para a ilusão de que o seio dela faz parte do bebê, de que está, por assim dizer, sob o controle mágico do bebê. (p. 26)

Com o êxito repetido da mãe em responder aos gestos espontâneos do bebê, o que só é possível quando a mãe se identifica com seu bebê, amplia-se a porção de realidade compartilhada que ela lhe apresenta, satisfazendo sua capacidade de usufruir o ambiente externo. Ocorrem repetidas confirmações de sua onipotência e de seu potencial criativo e, assim, o bebê passa a confiar no objeto e, gradativamente, a perceber que existe uma realidade externa correspondente a sua própria capacidade de criar, possibilitando uma integração crescente do seu mundo interno com o mundo externo. Após a fase em que o bebê vivencia a ilusão onipotente de criar objetos para satisfazer suas necessidades e de formar uma unidade com a mãe, ele vai descobrir que é um ser separado dela. Nessa etapa, o bebê começa a perceber que existe o eu e o não eu, e essa percepção se concretiza pelo objeto transicional, definido por Winnicott (1971/1975) como o representante, na mente da criança, do objeto da primeira relação, geralmente o seio materno. Assim, esse será o primeiro objeto do bebê que representa a presença da mãe, que, naturalmente, vai "falhar". É esse objeto que vai ajudá-lo a suportar a percepção de que não existe a fusão mãe-bebê e dar início ao processo de transição entre a sua relação primária com a mãe e uma relação de objeto externo. O objeto transicional situa-se numa área intermediária de experimentação entre o objeto subjetivo e aquilo que é objetivamente percebido.

Se, inicialmente, a mãe fornece ao bebê a ilusão de onipotência, mais tarde vai desiludi-lo por meio da introdução de falhas no seu cuidado, colocando a ele sua ausência por um tempo tolerável e não o atendendo imediatamente:

> A tarefa final da mãe consiste em desiludir gradativamente o bebê, mas sem esperança de sucesso, a menos que, a princípio, tenha podido propiciar oportunidades suficientes para a ilusão. (p. 26)

Nesse período, por ter vivenciado experiências de onipotência, o bebê está apto a experimentar a frustração, pois

Contribuições da psicanálise à compreensão do desejo de fama **87**

já apresenta condições de recorrer a sua própria criatividade para satisfazer as necessidades com objetos da realidade externa enquanto aguarda o retorno da mãe. Em outras palavras, a criança se depara com a desilusão e, para se sustentar, utiliza os objetos transicionais que marcam a saída da fase de onipotência.

Gradualmente, quando adquire confiança no fato de que o objeto que necessita pode ser adquirido, o bebê passa a tolerar cada vez mais a ausência desse objeto. Isso implica a concepção de que o objeto tem uma existência separada e independente do sujeito, situando o objeto fora do *self*. É na continuidade do estado de bem-estar que o bebê gradualmente alcança, mesmo sem a presença da mãe, que se tece o sentimento de existir. A crença na existência supõe a regularidade do bem-estar sem necessidade de reafirmações por parte de um outro.

O ambiente favorável dá ao lactente a experiência de onipotência, e essa experiência torna-se fundamental para que a confiança na realidade se estabeleça. O lactente, experimentando a onipotência sob a tutela de um ambiente facilitador, cria e recria o objeto. Por meio do ato de criar, o bebê se desenvolve, buscando a possibilidade de encontrar uma realidade que o represente, só podendo realizar-se na medida que for possível recriar a realidade a partir da própria subjetividade. A mudança no modo de perceber o objeto – que de interno passa a ser externo – se dá, predominantemente, por frustrações em vez de satisfações, pois o aspecto frustrante do comportamento do objeto leva o lactente a um processo de percepção como ser separado de um mundo externo que é o não eu. Somente a partir

88 FAMA

dessa separação será possível construir uma realidade em que o bebê poderá encontrar a satisfação de suas necessidades (Winnicott [1971/1975]):

> Se tudo correr bem, o bebê pode, na realidade, vir a lucrar com a experiência da frustração, já que a adaptação incompleta à necessidade torna reais os objetos, o que equivale a dizer tão odiados quanto amados. (p. 25)

Os cuidados maternos e as posteriores falhas naturais de uma mãe suficientemente boa levam o bebê a desenvolver o sentimento de ter sido amado e uma crescente confiança em si mesmo para assim poder ingressar na capacidade de produzir e de criar. Isso é observado na seguinte afirmação de Winnicott (1971/1975):

> A mãe suficientemente boa, como afirmei, começa com uma adaptação quase completa às necessidades de seu bebê e, à medida que o tempo passa, adapta-se cada vez menos completamente, de modo gradativo, segundo a crescente capacidade do bebê em lidar com o fracasso dela. (p. 25)

A partir disto e do subsequente desenvolvimento da compreensão de que a mãe tem uma existência separada de si, a criança assume um controle sobre os acontecimentos externos, bem como o funcionamento interior de seu *self*, tornando-se gradativamente capaz de se defrontar com o mundo e todas as suas complexidades. Nesse sentido, desenvolve uma verdadeira independência rumo à integração do ego.

Assim como o cuidado materno adequado produz uma integração egoica, as falhas graves nesse cuidado não

Contribuições da psicanálise à compreensão do desejo de fama **89**

permitem essa integração. Se essa mãe não for suficientemente boa, não se adaptar às necessidades do bebê e vivenciá-lo como uma extensão narcísica de si mesma, agindo conforme suas próprias necessidades, e não as do bebê, a maturação do eu não poderá se efetuar. Em outras palavras, se o bebê não passar por suficientes experiências de ilusão não será capaz de desenvolver uma adequada percepção subjetiva, ser criativo e tornar-se independente. Conforme Bleichmar (1985, p. 19): "É a representação do seu eu como insuficiente, como dotado de escassos recursos para manipular o mundo exterior o que torna qualquer coisa ameaçadora".

As falhas grosseiras da função materna provocam a invasão de estímulos ambientais, o que gera angústia e dificulta a estruturação do *self*. Além disso, se estabelece uma descontinuidade no sentimento de ser, pois este depende da repetição das vivências instintivas e da percepção da continuidade dos cuidados maternos. Winnicott (1965/1983) defende a necessidade de um ambiente propício para que ocorra o desenvolvimento saudável do *self*.

A partir dessa relação estabelecida entre o bebê e a mãe, constrói-se um mundo simbólico que sustenta o sentimento de continuidade de ser, o que, em última instância, lhe confere o sentimento de existência.

Uma vez estabelecido o sentimento de ser, o sujeito dirige-se rumo à individualidade. Para Berry (1987/1991), isso lhe confere um sentimento de identidade que, embora amplamente ligado ao sentimento de existência, se distingue deste em parte. É na estabilidade do ambiente que se fundamenta o sentimento de existência. Contudo, Berry afirma que, para sentir-se pertencente a uma identidade, é preciso vivenciar a experiência de ser único. Esse momento do desenvolvimento infantil advém da fase narcísica primária descrita por Freud (1914). Identidade é uma concepção de si próprio como indivíduo distinto e separado dos outros, acompanhada de um sentimento de autocoerência e integridade, composta de valores, crenças e metas que o indivíduo deseja seguir. É a consciência de que existe continuidade de si mesmo, no espaço e no tempo, de um indivíduo como "ser no mundo".

A imagem especular permite a projeção imaginária das representações de si, mas não confere a unicidade e a continuidade do que é o indivíduo. A identidade não pode ser reduzida a um jogo de espelhos, isto é, representações de si mesmo suscitadas no outro, ou a uma tentativa de refletir um outro, querer ser um outro que não o próprio eu. A *identidade* refere-se às particularidades, àquilo que faz cada um diferente do outro, enquanto o *existir* diz respeito a algo anterior, uma continuidade do eu adquirida através do olhar do outro.

As identificações fundamentais necessitam ser bem ancoradas e relativamente bem integradas para a formação de um sentimento de identidade sólido. A oscilação do sentimento de identidade desencadeia angústias intensas que mobilizam defesas narcísicas.

Berry (1987/1991) afirma que ambos os sentimento, o de identidade e o de existir, encontram-se perturbados em indivíduos que desenvolvem defesas narcísicas. A busca narcísica remete a uma necessidade de perpetuar o ser e sua identidade. A autora afirma ainda que a falta de

CONTRIBUIÇÕES DA PSICANÁLISE À COMPREENSÃO DO DESEJO DE FAMA **91**

reconhecimento por um outro, recorrente nos dias de hoje, gera uma crise de existência:

A afirmação de uma identidade é ainda mais necessária se o sentimento de existência é fraco e duvidoso. O herói só tem existência por suas fantasias heroicas, e a ideia de um destino salva alguns da incerteza de existir. Se não temos um presente, é preciso, embora ausente, ter um *self* grandioso ou irrisório para contemplar. Na falta do sentimento de existir, o sentimento de identidade, por todas as representações que assume, compensa a incerteza. Quanto mais fraco for o sentimento de existência, mais deve ser afirmada a identidade. (p. 117)

NARCISISMO E FORMAÇÃO DE IDEAIS

Freud (1914/1974) afirma que o sentimento de ser especial, de ser único e o sentimento de perfeição surgem em uma fase denominada *narcisismo primário*. É nesse momento que Freud conceitua, de forma estruturada, o que chama de *narcisismo*.

A referência ao narcisismo já aparece nos escritos de Freud desde 1910; entretanto, este livro se deterá no ensaio de 1914 (1974), que teve importância fundamental na teorização do narcisismo. Num primeiro momento desse ensaio, Freud aponta o narcisismo como uma etapa no curso regular do desenvolvimento de todo ser humano. A apropriação de seu eu e o sentimento de ser constituem uma forma primeira de vivência identitária, a qual resulta de um investimento no próprio eu como objeto de amor.

Observe-se que, no estudo do caso Schereber, Freud (1911b/1996) já se utiliza do conceito de *narcisismo* como parte fundamental da estruturação do indivíduo, ao descrever o desenvolvimento da libido. Para o autor, a passagem do autoerotismo para o amor objetal ocorre por intermédio de um estado narcísico. Ele designa o narcisismo primário como uma fase que se inicia no autoerotismo e é contemporânea à primeira unificação do indivíduo. Diferencia-se o autoerotismo do investimento narcísico ao passo que, no narcisismo, a pulsão[1] se satisfaz sem a necessidade de recorrer a objetos externos, uma vez que o eu é tomado como objeto de investimento. Ainda evidencia-se, nesse momento, a possibilidade de investimento num objeto total, e não mais parcial (Freud, 1914/1974).

No momento narcísico primitivo, o bebê presentifica-se como objeto do desejo da figura materna, submetido a seu olhar, o que lhe garante os primeiros cuidados. O narcisismo seria a manifestação mais primitiva de ligação com outro ser humano, sem haver ainda qualquer escolha objetal. Há, aqui, um estado de fusão, sem diferenciação entre si e o corpo materno, em que o bebê é o objeto único de desejo da mãe e incorpora a imagem de perfeição.

Num primeiro momento, o bebê investe toda a sua libido em si mesmo, constituindo um campo de ilusão narcísica, que passa a ser sustentado, através do olhar da mãe, por uma imagem integrada e de perfeição de si mesmo. O ser humano constitui-se a partir de um outro que lhe dirige o olhar. O bebê vivencia uma ilusão de ter sido amado

---

[1] Freud (1933 [1932]/1996), em *Ansiedade e vida instintual,* afirma que a pulsão consiste em uma energia que tem sua fonte num estado de tensão corporal que impulsiona o ser humano em direção a objetos de satisfação, que aliviam o estado primeiro de tensão e faz o organismo tender ao equilíbrio. Pode ser entendida como o impulso para a satisfação do desejo.

CONTRIBUIÇÕES DA PSICANÁLISE À COMPREENSÃO DO DESEJO DE FAMA

e admirado sem restrições simplesmente por existir, acreditando em sua autossuficiência. Essa imagem perfeita de si mesmo, presentificada no narcisismo primário, é definida por Freud (1914/1974), como *ego ideal* [2]. Por mais perfeita e prazerosa que seja a vivência desse ego ideal, Freud não desconhece os desprazeres do aprisionamento da libido no eu. O autor afirma: "[...] torna absolutamente necessário para a nossa vida mental ultrapassar os limites do narcisismo e ligar a libido a objetos" (Freud, 1914/1974). E prossegue:

> [...] essa necessidade surge quando a catexia do ego com a libido excede certa quantidade. Um egoísmo forte constitui uma proteção contra o adoecer, mas, num último recurso, devemos começar a amar a fim de não adoecermos e estamos destinados a cair doentes se, em consequência da frustração, formos incapazes de amar. (p. 101)

A libido depositada no eu gera um sentimento de desprazer por não manter um estado de tensão estável. O narcisismo disponibiliza ao eu um excesso de investimento libidinal para o qual não se tem vazão apropriada, por isso, requerem-se objetos externos a serem investidos. Dessa forma, justifica-se a indispensável superação da fase narcísica a caminho das relações objetais, no curso do desenvolvimento.

O autor defende que, no percurso do desenvolvimento, o indivíduo vai direcionar sua libido aos objetos sem, no entanto, desinvestir totalmente do ego, estando este sempre pronto a retomar a libido quando se sentir ameaçado.

---

[2] O ego ideal é tratado por Freud também em *A teoria da libido e o narcisismo* (1916-17). É aludido em *Luto e melancolia* (1917 [1915]/1996), *Psicologia de grupo e análise do ego* (1921/1976), *O ego e o id* (1923/1976) e em *A dissecação da personalidade psíquica* (1933 [1932]/1996).

94 FAMA

O desinvestimento no mundo externo e o reinvestimento da libido no ego foram considerados por Freud (1914/1974) como uma necessidade de defesa do ego. O narcisismo, portanto, estaria ligado à preservação do ego. As inúmeras frustrações com as quais o indivíduo se depara pedirão por um resgate do narcisismo infantil, em que não havia faltas. O ego ideal será, por toda a vida, a imagem requerida como forma de resgate da onipotência narcísica, do sentimento de unicidade e de ser especial, e da vivência de amor incondicional. Freud aborda a onipresença do ego ideal do seguinte modo:

> Esse ego ideal é agora o alvo do amor de si mesmo (*self-love*) desfrutado na infância pelo ego real. O narcisismo do indivíduo surge deslocado em direção a esse novo ego ideal, o qual, como o ego infantil, se acha possuído de toda perfeição de valor. Como acontece sempre que a libido está envolvida, mais uma vez aqui o homem se mostra incapaz de abrir mão de uma satisfação de que outrora desfrutou. Ele não está disposto a renunciar à perfeição narcisista de sua infância; e quando, ao crescer, se vê perturbado pelas admoestações de terceiros e pelo despertar de seu próprio julgamento crítico, de modo a não mais poder reter aquela perfeição, procura recuperá-la sob a nova forma de um ego ideal. O que ele projeta diante de si como sendo seu ideal é o substituto do narcisismo perdido de sua infância na qual ele era o seu próprio ideal. (p. 111)

Uma vez vivenciada a imagem perfeita de si, esta será cultivada e defendida como uma necessidade de satisfação narcísica. É uma relação de amor consigo mesmo que se instaura. A partir daí, se buscará sempre um retorno à ilusão narcísica de ser perfeito, ou seja, se buscará o ego ideal como um refúgio ao narcisismo originário, em que o bebê vivenciou a imagem ideal de si. Os ideais a serem buscados nada mais são do que a projeção do narcisismo da criança na figura dos pais; assim, sua origem é essencialmente narcísica. Contudo, não mais se refere a um narcisismo absoluto. Buscam-se objetos substitutos do narcisismo perdido, o que pressupõe o reconhecimento da falta e da não completude. O narcisismo do ego ideal é transferido para os ideais que o sujeito passará a se esforçar para alcançar no futuro, numa promessa de restituição, pelo menos em parte, da perfeição narcísica perdida.

Bleichmar (1985) considera que o ego ideal tem seu modelo no narcisismo primário, quando o indivíduo "acreditava" em sua perfeição. Já o ideal de ego, para o autor, aponta para uma instância do narcisismo secundário e da identificação primitiva com as figuras parentais já substituídas pelo meio social mais amplo. Assim como Freud, Bleichmar defende que a formação dos ideais parte não somente da identificação com os pais, como também dos ideais coletivos. Freud não faz a diferenciação entre *ego ideal* e *ideal de ego* em sua obra, mas diferencia de maneira equivalente o narcisismo primário do secundário. Segundo ele, o narcisismo secundário designa uma estrutura permanente do indivíduo, que visa sempre a um equilíbrio entre investimento narcísico e investimento objetal; através da busca pelos ideais, o ideal de ego mantém os interesses do indivíduo voltados para o mundo externo.

De acordo com Bleichmar (1985), a passagem do ego ideal para o ideal de ego ocorre na medida em que a criança

96   FAMA

não é mais vista pelos pais como um ser absolutamente perfeito. Ela percebe, então, que precisa atender ao que os pais esperam dela para apreender novamente a admiração deles. O ideal forma-se pela desilusão dos pais em relação à criança e por suas novas exigências. A função materna é necessária para permitir a passagem e a transformação do ego ideal em ideal de ego. Como afirma o autor:

> Na realidade, o ideal constitui-se a partir do momento em que o outro deixa de ser um admirador incondicional que oferece ao sujeito a vivência de perfeição para passar a converter-se em alguém que exige do sujeito a adequação a determinadas normas. Estas, que agora requerem ser satisfeitas pelo sujeito para obter a admiração do outro, passam a constituir-se em seus ideais. O cessar da admiração incondicional e queixa do outro quando o sujeito afasta-se de determinadas qualidades ou condutas desejáveis é o que cria, portanto, a dimensão do ideal. (p. 51)

Ao passar pelo complexo de castração[3] e subjetivá-lo, a criança percebe que não pode ter tudo, ser tudo; logo, ela se dá conta de que não satisfaz a mãe plenamente, perdendo o lugar em que bastava sua simples existência para que ela obtivesse o amor. Agora, para ser amada, ela precisa atender às demandas da mãe. Assim, a criança responde às exigências das figuras parentais e a seus ideais impostos numa tentativa de encontrar vestígios da posição infantil ideal em que era incondicionalmente amada por ser perfeita.

---

[3] Termo descrito por Freud pela primeira vez em 1908, ao estudar a teoria sexual infantil. O autor, em 1924, designou como complexo de castração o momento do desenvolvimento do ser humano em que a criança vivencia a fantasia de castração, a qual tem função interditória e normativa, marcando o início da formação do superego.

CONTRIBUIÇÕES DA PSICANÁLISE À COMPREENSÃO DO DESEJO DE FAMA **97**

A volta narcísica ao próprio eu institui-se como uma defesa ao ego diante das impossibilidades e frustrações, porém faz parte do mecanismo normal do narcisismo secundário. O problema encontra-se no indivíduo, que, defensivamente, busca reviver o narcisismo infantil e reconstituir a imagem do ego ideal. Tal indivíduo é impedido de se desenvolver guiado pelos modelos do ideal de ego e prende-se a suas idealizações fantasiosas, as quais são inatingíveis. O refúgio ao ego ideal configura uma renúncia à realidade, é uma saída regressiva do narcisismo secundário.

IDENTIFICAÇÃO E IDEALIZAÇÃO

Nem no estudo do narcisismo, nem em toda a sua obra, Freud especifica claramente a diferenciação ou a sobreposição da fase narcísica infantil com o processo de identificação. Todavia, referências relevantes sobre o processo de identificação são encontradas em diversos de seus textos.

Em *Luto e melancolia*, Freud (1917 [1915]/1996) parece caracterizar o primitivo processo de identificação como paralelo à fase narcísica primária, sem que haja, porém, interiorização das características do objeto, sendo assim constituída uma identificação narcísica. Com o início da elaboração da segunda teoria do aparelho psíquico, Freud (1920, 1921, 1923) firma o narcisismo primário como o momento em que há uma captação do sujeito por sua própria imagem. Nessa fase, há uma indiferenciação entre o ego e o id[4], não havendo nenhuma relação com o meio externo; assim, essa

---

[4] Freud, em 1923, denomina "id" a instância inconsciente do aparelho psíquico.

98 Fama

fase ainda é anobjetal. Em oposição, o processo de identificação é um momento posterior, que já permite estabelecer relações de objeto. A identificação, para Freud, não pode ser uma fusão. Na fusão um se tona idêntico ao outro, indiferenciado. Portanto, na conceituação freudiana, o processo de identificação somente pode acontecer no momento em que já há uma diferenciação estabelecida entre mãe e bebê, quando torna-se possível a formação de vínculos objetais. Posteriormente, na obra freudiana, a formulação de um narcisismo simultâneo à identificação a um objeto aparece apenas na caracterização de um narcisismo secundário, o que ocorreria num momento posterior à vivência de um narcisismo primário, caracterizando-se a fase narcísica primitiva como a ausência de relações de objeto.

Em *Psicologia de grupo e análise do ego*, Freud (1921/1976) assinala que a onipresença do outro na formação da experiência subjetiva é elucidada por meio do processo que o autor chama de *identificação primária*. A figura materna é o primeiro contato experienciado pela criança, e são os investimentos libidinais da mãe no bebê que permitem o início do processo de identificação[5]. A importância do laço primitivo da mãe com seu bebê foi claramente explicitada pelo autor em *O ego e o id*, de 1923.

A identificação primária da criança com um outro se dá por meio do que ela percebe de si no olhar desse outro. O desejo da mãe em relação a seu bebê o nomeia e o descreve

---

[5] Winnicott, em toda a sua obra, enfatiza a importância da relação entre a mãe e seu bebê como um processo identificatório que origina a formação do eu e o sentimento de existência.

Contribuições da psicanálise à compreensão do desejo de fama

com características com as quais ele próprio se identificará, através da mãe. A princípio, o bebê não diferencia a mãe de si mesmo; ela é vivenciada como uma extensão de seu próprio corpo. A presença materna aparece como satisfação orgânica e satisfação prazerosa, sem, no entanto, distinção daquilo que a satisfaz. Assim, se estabelece uma relação de identificação entre a mãe e seu bebê. Freud (1921) define a identificação primária como uma forma de relação primitiva do bebê com um outro, em que há uma identificação direta e imediata que precede qualquer catexia de objeto. É possível pensar, portanto, a identificação primária como uma fase conjugada ao narcisismo primário.

Freud (1921/1976) define a identificação como um processo inconsciente em que o bebê adquire aspectos do objeto com o qual se identifica. Em *A dissecção da personalidade psíquica* (1933a [1932]/1996), Freud alude à identificação como um fundamento da estrutura da vida psíquica, momento em que se inicia a constituição da subjetividade (Freud, 1933a [1932]/1996). A unidade psíquica é precipitada por uma imagem de si que o indivíduo adquire a partir da relação de identificação com um outro. Laplanche & Pontalis (1998) definem a identificação primária mais claramente como:

> Modo primitivo de constituição do sujeito segundo o modelo do outro, que não é secundário a uma relação previamente estabelecida em que o objeto seria inicialmente colocado como independente. A identificação primária está em estreita correlação com a chamada relação de incorporação oral. (p. 231)

Freud descreve-a como equivalente à incorporação oral. O outro é introjetado, colocado dentro de si; suas característias são assimiladas pela criança. Em *Totem e tabu* (1913/1996) e *Luto e melancolia* (1917 [1915]/1996), o autor faz referência à incorporação oral no processo de identificação. O objeto de identificação, aqui, não é distinto da fase oral do desenvolvimento, já posterior ao narcisismo primário (Freud, 1913/1996; 1917 [1915]/1996).

Ao estudar a sexualidade infantil, Freud (1905) explica que a fase oral é a primeira organização sexual pré-genital do desenvolvimento libidinal da criança. Utiliza-a como sinônimo de *fase canibalesca*. Nessa fase, o prazer sexual está envolvido predominantemente com a excitação da cavidade bucal. Segundo o autor, o alvo sexual consiste na incorporação do objeto, modelo que mais tarde vai apresentar-se sob a forma de identificação (Freud, 1905/1996). Laplanche & Pontalis (1998) definem *incorporação* como:

> Processo pelo qual o sujeito, de um modo mais ou menos fantasístico, faz penetrar e conserva um objeto no interior de seu corpo. A incorporação constitui uma meta pulsional e um modo de relação de objeto característico da fase oral; numa relação privilegiada com a atividade bucal e a ingestão de alimentos, pode igualmente ser vivida em relação com outras zonas erógenas e outras funções. Constitui o protótipo corporal da introjeção e da identificação. (p. 238)

Nesse sentido, o processo de identificação primária é uma forma primitiva de constituição do sujeito, uma ramificação da fase oral na qual o sujeito incorpora o objeto amado. Klein (1957/1974), mais do que Freud, utiliza-se dos termos *identificação*, *incorporação* e *introjeção* ao estudar o desenvolvimento primitivo do bebê. A autora confere maior ênfase à forma de identificação primária da fase

CONTRIBUIÇÕES DA PSICANÁLISE À COMPREENSÃO DO DESEJO DE FAMA **101**

oral-sádica do que às formas secundárias, mais exploradas por Freud. Klein explica que, desde os primórdios, o bebê, ao sugar o seio da mãe, já a introjeta e a mantém dentro de si. Há ainda uma diferenciação entre *incorporação*, *identificação* e *introjeção*. Laplanche & Pontalis (1998) a explicitam:

> A introjeção aproxima-se da incorporação, que constitui o seu protótipo corporal, mas não implica necessariamente uma referência ao limite corporal (introjeção no ego, no ideal do ego, etc...). Está estreitamente relacionada com a identificação. (p. 248)

Freud (1921/1976) aponta que a identificação primária opõe-se às identificações secundárias, que vêm se sobrepor a ela como a identificação sexual e a instauração das proibições e das instâncias ideais, ou seja, tudo aquilo que se deve e o que não se deve ser e fazer. Em oposição à identificação primária, na identificação secundária já se estabelece o investimento objetal. Anteriormente, a criança detinha a imagem de perfeição posta sobre si através do olhar da mãe e da identificação desta com a criança. Agora, a desilusão dos pais e suas novas exigências a convidam a aproximar-se de uma imagem ideal colocada neles, denominada *ideal de ego*, possibilitando a identificação narcísica secundária.

A partir desse momento, a criança desejará e perseguirá os ideais apresentados pela sociedade na tentativa de reencontrar a perfeição narcísica perdida e como meio de resgatar a obtenção da admiração incondicional que um dia vivenciou.

Freud explica que a ligação entre indivíduos que compartilham da mesma cultura se dá pela identificação e pela introjeção de uma mesma pessoa (um líder, um ser idealizado) em seu superego e, com base nesse elemento comum, eles se identificam entre si. Freud (1921/1976) diz:

> [...] o laço mútuo existente entre os membros de um grupo é da natureza de uma identificação desse tipo, baseada numa importante qualidade emocional comum, e podemos suspeitar que essa qualidade comum reside na natureza do laço com o líder. (p. 136)

A psicanálise ensina que é por meio do processo de identificação que o indivíduo se organiza em harmonia com os modelos oferecidos pela sua sociedade, os quais, por essa razão, cabe chamar de *identificatórios*. A existência de modelos identificatórios é indispensável para que os indivíduos possam formar sua própria identidade. Em todos os grupos humanos está presente uma figura ideal. As coletividades precisam desse modelo idealizado, visto sem defeitos, para ser seguido, a fim de garantir o bom funcionamento da sociedade.

O processo psíquico de identificação possibilita que o sujeito assimile características de um outro, o qual é tido como modelo. Dá ao sujeito a condição de existência e pertencimento ao mundo. Por sua vez, de acordo com a teorização de Freud (1914/1974), a idealização é um processo que diz respeito a um objeto engrandecido e exaltado na mente do indivíduo. A figura ideal expande-se para um ser idealizado, pertencente à fantasia do indivíduo.

Convém lembrar que Freud aponta para uma diferença entre a *identificação amorosa* e a *idealização amorosa*. No primeiro caso, o ego se enriqueceu com as propriedades do objeto, introjetou o objeto em si próprio, o que conduz a

Contribuições da psicanálise à compreensão do desejo de fama **103**

uma diminuição da distância entre o eu real e o eu ideal. No segundo caso, empobreceu-se, entregou-se ao objeto, substituiu seu constituinte mais importante pelo objeto. Destituiu-se de si mesmo em nome de um objeto idealizado. A idealização do objeto revela o desejo de busca de restauração da plenitude narcísica, rompida com a descoberta das próprias limitações. Alcançando essa imagem idealizada, tudo se teria e nada faltaria. Por esse motivo, o idealizado pode ser alvo de um imenso desejo. Sobre a idealização do objeto, Freud (1921/1976) expõe:

> Em muitas formas de escolha amorosa, é fato evidente que o objeto serve de sucedâneo para algum inatingido ideal do ego de nós mesmos. Nós o amamos por causa das perfeições que nos esforçamos por conseguir para nosso próprio ego e que agora gostaríamos de adquirir, dessa maneira indireta, como meio de satisfazer nosso narcisismo. (p. 143)

O autor afirma mais claramente que a idealização pode se dar tanto na esfera da libido do objeto quanto na esfera da libido do ego (Freud, 1914). O objeto idealizado contém algo que se deseja para si mesmo, por isso atribui-se a ele a perfeição. De outro lado, o próprio eu pode ser investido de idealização, nutrindo o ego ideal. A imagem perfeita de si mesmo torna-se a referência ideal que se pretende alcançar. Nesse sentido, ao idealizar, o indivíduo impulsiona-se por uma imaginária completude e aproxima-se do narcisismo primário, em que se mantém dirigido por um ego ideal imaginário e fantasioso.

Freud (1930 [1929]/1974) define ainda a imagem idealizada como um meio de aliviar a tensão interna. A imagem ideal fantasiada e os esforços em corresponder a ela prometem pôr fim a dolorosos sentimentos de frustração e impotência, restaurando o senso de integridade do eu, ferido pelo real. A idealização de objetos é uma peça fundamental das instâncias ideais. Os ideais são compostos pelos eus idealizados do passado e do futuro, ou seja, essa função aponta, de um lado, para um passado perdido de felicidade, que constitui o ego ideal, e um futuro de felicidade a ser alcançado, que faz referência ao ideal de ego. Porém, este último apresenta a aceitação da falta, que implica um estreito contato com a realidade.

O SER ESPECIAL E A REALIDADE

A realidade impõe limitações e impossibilidades a qualquer ser humano. A passagem de um funcionamento psíquico regido pelo prazer e pela satisfação absoluta para um funcionamento regido pela realidade foi explicada por Freud, pela primeira vez, em *Formulações sobre* os *dois princípios do funcionamento mental* (1911a/1996). Em *Além do princípio de prazer* (1920), o autor expõe o conceito daquilo que chama de *princípio da realidade* como um momento na fase do desenvolvimento do ser humano em que este é confrontado com a real e concreta impossibilidade da satisfação plena de seus desejos.

Freud, em *O mal-estar na civilização* (1930 [1929]/1974), apresenta e consolida como tese fundamental a ideia de que a repressão inerente à civilização traz a impossibilidade de satisfação das exigências pulsionais. O autor enfatiza que o

CONTRIBUIÇÕES DA PSICANÁLISE À COMPREENSÃO DO DESEJO DE FAMA 105

princípio da realidade evidencia-se nas formas civilizatórias, adiando – ou até mesmo impedindo – a realização dos desejos. Essa relação conflitual entre *pulsão* e *cultura*, como afirma o autor, é de ordem estrutural. Freud situa o homem em sua relação com a sociedade, encerrado à impossibilidade de realizar-se plenamente. A busca incessante da realização de seus desejos e a adaptação à civilização constituem o interminável conflito humano.

O autor, entretanto, não se restringe à afirmação da civilização como impossibilitadora da satisfação. Ele reconhece que a sociedade sempre traz em si tanto os limites quanto a indicação de inúmeras possibilidades de obtenção de prazer. Apontar as limitações do prazer advindo da realização dos desejos não significa negar a vida em sociedade como meio de gratificação. A civilização é o único espaço para a busca da felicidade, uma vez que traz prazeres inegáveis. Ela é a abertura para o possível; apresenta-se sedutora e atraente, oferecendo todos os objetos passíveis de satisfação, promovendo assim gratificações que aliviam as sensações de desprazer.

É do meio social que o indivíduo subtrai incontáveis prazeres e se protege das ameaças das fontes de sofrimento. Freud enumera três direções em que o sofrimento ameaça o ser humano: o *corpo*, condenado à dissolução; o *poder da natureza*; e o *relacionamento interpessoal*. Dos dois primeiros o ser humano nunca terá completo domínio, porém ele se utiliza das formas civilizatórias como meio de proteger-se e de amenizar o sofrimento inevitável. Já em relação à fonte social de sofrimento, as regras culturais não dão conta de oferecer proteção a cada indivíduo, afirma Freud, uma vez que as forças pulsionais, se realizadas, implicam o desmoronamento do convívio com o outro.

A sociedade traz uma multiplicidade de elementos prazerosos, tudo aquilo que se quer ter ou ser, tudo o mais que se deseja é ofertado pela cultura. Está inscrito no imaginário social da atualidade que cada um deve e pode obter tudo o que quer e pode evitar tudo aquilo que lhe desagrada. A satisfação prometida pela mídia e seus produtos consumíveis seduzem o indivíduo. A promessa é vã, mas cada qual continua "comprando-a" com a esperança de alcançar a felicidade pela plena saciedade de seus desejos.

Conforme os escritos de Freud (1927), a impossibilidade de plena realização dos desejos é uma condição do ser humano. Dessa forma, concebe-se que a possibilidade "vendida" pela mídia de escolher o que se deseja ser e concretizar isso através de produtos consumíveis reflete apenas uma ilusão. Os objetos oferecidos proporcionam satisfações físicas e mentais apenas momentâneas e parciais. Desse modo, o ideal em que tudo se tem, tudo se pode e tudo se é jamais será alcançado.

Freud chama a atenção para o fato de que embora, de um lado, os objetos de satisfação sejam oferecidos, de outro, a própria condição de vida em sociedade não admite satisfação absoluta. O absolutismo do desejo permanece como uma miragem, a qual se insiste em realizar. A realidade é vista como uma necessária renúncia aos desejos mais arcaicos, o que ocasiona sofrimento. Freud (1927/1974) assinala:

> Parece, antes, que toda civilização tem de se erigir sobre a coerção e a renúncia ao instinto; sequer parece certo se, caso

CONTRIBUIÇÕES DA PSICANÁLISE À COMPREENSÃO DO DESEJO DE FAMA **107**

cessasse a coerção, a maioria dos seres humanos estaria preparada para empreender o trabalho necessário à aquisição de novas riquezas. (p. 17)

Dessa forma, um meio de obter prazer é, de algum modo, romper com a realidade para poder suportar o sofrimento e vivenciar a felicidade. Para Freud (1930 [1929]/1974):

A vida, tal como a encontramos, é árdua demais para nós; proporciona-nos muitos sofrimentos, decepções e tarefas impossíveis. A fim de suportá-la, não podemos dispensar as medidas paliativas. (p. 93)

Freud (1930 [1929]/1974) afirma que a utilização de ilusões provoca um distanciamento do vínculo com a realidade, como uma forma de defesa contra o desprazer trazido pelo real. A ilusão narcísica é uma das formas de preservação do sentimento de que se é especial e diferente dos demais. A *ilusão*, ou *fantasia*, é descrita por Freud como um mecanismo de defesa que alivia a tensão, proporcionando satisfação ilusória para os desejos que não podem ser realizados no mundo real[6]. Segundo o autor, uma das possibilidades de fugir à realidade que gera sofrimento é tornar-se autossuficiente, encontrando satisfações em si mesmo e criando, assim, uma ilusão narcísica e um distanciamento do mundo externo. Para suportar os sofrimentos, as decepções e frustrações, muitos indivíduos buscam incansavelmente por prazeres, como os investimentos no

---

[6] Em *A interpretação dos sonhos*, Freud (1900/1977) demonstrou que, por meio da fantasia, é possível aliviar a angústia por essa proporcionar um afastamento da realidade.

108 Fama

próprio eu, que, na realidade, são apenas ilusões, mas que aliviam o sofrimento, trazendo eficácia imediata.

Freud (1974/1930 [1929]) afirma que os modelos ideais carregam consigo a promessa de saída da realidade frustrante, direcionando-se à restauração do narcisismo. A manutenção no registro do ideal se inscreve no não confronto com o sofrimento. A sedução do poder da fama e da construção de um ego idealizado se dá através da extinção das frustrações que ambos prometem. Entretanto, o ser idealizado referente ao ego ideal ao qual se busca incorporar jamais será alcançado. A crença de que se é importante oscila no contato estabelecido com cada indivíduo do grupo social. O ego ideal é imaginário e, justamente por isso, o ser humano é machucado no confronto com o real. O contato com a realidade traz uma ameaça mortal para a existência autocentrada do indivíduo na medida em que incita dúvidas a suas autorreferências.

A busca por objetos de satisfação e por equiparar-se a um ego idealizado é apenas um caminho que permite a felicidade pessoal, mesmo que momentânea, diminuindo, dessa forma, o mal-estar na civilização. Faz-se a ressalva de que o conflito entre os impulsos do id, regidos pelo princípio do prazer, e a civilização, que traz o princípio da realidade, é indissolúvel, uma vez que é constituinte do ser humano. Assim, o mal-estar sempre estará presente. A ideia de que a realização absoluta do prazer não pode ser suprida, condenando o indivíduo a conviver com o mal-estar independentemente da forma que utiliza para se defender do desprazer, é expressa por Freud (1930 [1929] 1974) da seguinte maneira:

Contribuições da psicanálise à compreensão do desejo de fama **109**

O programa de tornar-se feliz que o princípio do prazer nos impõe não pode ser realizado; contudo, não devemos – na verdade, não podemos – abandonar nossos esforços de aproximá-lo da consecução, de uma maneira ou de outra. Caminhos muito diferentes podem ser tomados nessa direção, e podemos conceder prioridades quer ao aspecto positivo do objetivo – obter prazer – quer ao negativo – evitar o desprazer. Nenhum desses caminhos nos leva a tudo o que desejamos. (p. 102-3)

Um dos sintomas do mal-estar presentificados na atual sociedade é o mesmo descrito por Freud (1914/1974) ao referir-se ao conceito de *narcisismo*. O mal-estar, na atualidade, apresenta-se também na não aceitação da falta, da imperfeição e das limitações humanas, o que leva a uma busca narcísica. É desse modo que Birman (2000), categoricamente, pontua a psicopatologia da contemporaneidade:

Esta (sociedade) se caracteriza por certas modalidades privilegiadas de funcionamento psicopatológico, nas quais é sempre o fracasso do indivíduo em realizar a glorificação do eu e a estetização da existência que estão em pauta. Essa é justamente a questão da atualidade. (p. 168)

Birman, ao descrever a sociedade contemporânea como *psicopatológica*, parece considerá-la narcísica, doente. Embora explique que essa é a forma psicopatológica da sociedade atual, reconhecendo que em diferentes sociedades emergem formas distintas de sintomas psicopatológicos, o autor ainda se mostra enfático na afirmação pontual de uma cultura patológica. Faz-se necessário ponderar essa afirmação, avaliando que toda cultura depara-se com sintomas comportamentais específicos, porém, não deve ser considerado

110 FAMA

doentio por ser observado com frequência, nem por trazer sofrimento, uma vez que este sempre estará presente no ser humano e se apresentará de diversas formas, de acordo com o meio cultural em que se vive.

Conforme Freud (1930 [1929]/1974), as leis e a moral fazem parte da civilização como meio de manter uma vida harmônica em sociedade, reprimindo a agressividade e a satisfação imediata dos desejos. Entretanto, parece que uma forma bem adaptada de o homem obter prazer é corresponder àquilo que a moral e os ideais ditam. Há um intenso prazer provindo da realização moral. Ser uma pessoa virtuosa, bondosa, correta, de boa índole gera prazer e satisfação. Uma possibilidade de o homem extrair prazer e felicidade de sua vida em sociedade é estar em conformidade com a moral e, assim, adquirir prestígio.

Ao examinar a obra de Von Ehrenfels, Freud (1908/ 1996) faz menção ao que o autor define como *moral sexual civilizada*. Essa expressão indica uma obediência moral que direciona o homem a "uma intensa e produtiva atividade cultural". A partir daí, Freud formula esse conceito para designar um modo de vida orientado pelos modelos ideais culturais. Segundo o autor, a pulsão sexual, mais desenvolvida e mais constante no ser humano do que nos animais, coloca à disposição da civilização uma quantidade extraordinária de energia, que ocorre através do deslocamento da energia sexual para finalidades culturais. Essa capacidade de deslocar a libido para fins culturais, sem restringir sua intensidade, foi conceituada por Freud (1908/1996) como *sublimação*. Em outras palavras, denomina-se *sublimação* o processo de canalização dos impulsos libidinais para o

CONTRIBUIÇÕES DA PSICANÁLISE À COMPREENSÃO DO DESEJO DE FAMA **111**

desenvolvimento cultural. Freud afirma: "A sublimação do instinto constitui um aspecto particularmente evidente do desenvolvimento cultural; é ela que torna possível às atividades psíquicas superiores, científicas, artísticas ou ideológicas o desempenho de um papel tão importante na vida civilizada" (Freud, 1930 [1929]/1974, p. 118). Neste trecho, nota-se uma grande importância dada pelo autor à arte e à ciência. Surge aqui o questionamento sobre o privilégio dessas formas de atividade. Contudo, em *Ansiedade e vida instintual*, Freud (1933b [1932]/1996, p. 99) abranda essa questão reestruturando o conceito de *sublimação*: "Um determinado tipo de modificação da finalidade e de mudança do objeto, na qual se levam em conta nossos valores sociais, é descrito por nós como 'sublimação'". Nessa frase, se expressa que aquilo que é valorizado socialmente em determinada cultura é que será o meio de realizar a sublimação. Faz--se necessário considerar, portanto, a expressão artística e os estudos científicos como os meios valorizados na época dos escritos de Freud. A sublimação permite uma congruência entre as exigências culturais e as sensações de prazer. Em Laplanche & Pontalis (1998, p. 495): "A pulsão é sublimada na medida em que é derivada para um novo objetivo não sexual e em que visa objetos socialmente valorizados". É importante esclarecer que, na sublimação, os objetos são investidos libidinalmente, o que vai de encontro à formação dos ideais de ego. Ao mesmo tempo que a libido é investida em objetos, desprende-se dos investimentos narcísicos, distanciando o indivíduo de um funcionamento narcísico na busca por restaurar o ego ideal. Entretanto, ele não deixa de observar que nem toda a energia sexual volta-se a favor da civilização: "[...] parece ser indispensável uma certa quantidade de satisfação sexual direta [...] que varia de indivíduo para indivíduo" (Freud, 1908/1996, p. 174).

O indivíduo volta-se para atividades prezadas pela sociedade e segue os ideais estabelecidos pela cultura em que vive, direcionando seus impulsos para atividades moralmente aceitas. Assim, torna-se possível a intensificação do prazer advindo da atividade que contempla a valoração social.

Para além do prazer extraordinário proveniente da similitude e da adequação aos ideais, deve ser realçado, porém, que esse prazer pode trazer consigo algum sofrimento. O deslumbramento imaginário de uma veneração obtida pela adequação aos ideais, a posse de visibilidade e o sucesso excedem as possibilidades reais do indivíduo, causando-lhe desconforto. Freud (1908/1996) afirma:

> Não é arriscado supor que, sob o regime de uma moral sexual civilizada, a saúde e a eficiência dos indivíduos esteja sujeita a danos, e que tais prejuízos causados pelos sacrifícios que lhes são exigidos terminem por atingir um grau tão elevado que indiretamente cheguem a colocar também em perigo os objetivos culturais. (p. 169)

Parece, assim, que a construção de fantasias ideais, a volta narcísica e a busca por adequar-se aos modelos ideais morais são apenas tentativas de amenizar o mal-estar sentido, não eliminando o sofrimento.

O DESEJO DE RECONHECIMENTO E A BUSCA PELOS IDEAIS

Em diferentes épocas e culturas, ser valorizado e reconhecido pelos demais alude ao sentimento de existir e de ser uma individualidade. É no reconhecimento por um outro que o bebê inicia a formação de um senso de existência e de identidade. Em *Projeto para uma psicologia científica* (1950 [1895]/1968), Freud já afirma que é em seus semelhantes que o ser humano aprende, pela primeira vez, a "re-conhecer-se"[7].

A busca de reconhecimento, para Freud, nada mais é do que o desejo de perpetuar o sentimento de ser amado, vivido na relação com a figura materna no início da vida. Para obter o amor de um outro, o indivíduo ingressará numa constante luta para corresponder ao ideal de ego, que traz vestígios de seu narcisismo infantil, momento em que era amado de maneira incondicional.

Certamente, a necessidade de admiração, valorização e reconhecimento não está presente somente nas pessoas que buscam a fama. Horney (1950a/1966), ao estudar e descrever a formação das neuroses na cultura, foi pioneira na teorização sobre o desejo de autorrealização do ser humano. A autora afirma que: "O indivíduo crescerá sempre no sentido de sua autorrealização" (p. 19). Nesses termos, ela traz contribuições para este livro. Horney, no decurso do processo de desenvolvimento de sua teoria, rompeu com as sociedades psicanalíticas freudianas e fundou a escola chamada The Association for the Advancement of

---

[7] Grafia do autor.

114 FAMA

Psychoanalysis, que deu início à construção da psicanálise chamada culturalista. Os conceitos psicanalíticos clássicos e os princípios básicos da teoria freudiana foram tratados pela orientação culturalista de Horney. Para a autora, as neuroses são causadas, primordialmente, por fatores culturais. Nessa perspectiva, a crítica de Horney a Freud apoia-se em dois pontos: sua ênfase excessiva na origem biológica das características psíquicas e o descaso com relação aos fatores culturais. Para estudar a relação dinâmica da psique com o ambiente social, Horney (1950a/1966) atribui maior importância aos chamados processos primários do ego. Ela concorda com a tese freudiana de que os seres humanos são impulsionados por motivações inconscientes; contudo, difere quanto à natureza dos motivos. A autora diz que a libido e as pulsões teorizadas por Freud devem ser substituídas por maior consideração aos fatores sociológicos. O homem, pra ela, é regido por dois princípios diretores: segurança e satisfação.

Segundo a autora, o processo de desenvolvimento da autorrealização conduz o ser humano em três direções básicas: *em direção aos outros*, expressando amor e confiança; *contra os outros*, expressão de oposição necessária e saudável; e *para longe dos outros*, rumo à autossuficiência, sendo esta última descrita como uma solução neurótica.

Horney (1937), ao estudar a sociedade norte-americana e enfatizar a relação do indivíduo com o meio cultural, faz generalizações sobre as neuroses desenvolvidas em determinado ambiente social. A autora define como *neurose* certa rigidez de reação e também uma discrepância entre as potencialidades e realizações de uma pessoa.

Contribuições da psicanálise à compreensão do desejo de fama **115**

Ela prossegue defendendo que essa rigidez só é considerada neurótica quando representa um desvio dos padrões culturais. Acrescenta que o neurótico apresenta conflitos, gerados pela cultura, mais agudos e acentuados do que a maioria das pessoas. Descreve *neurose* como uma perturbação psíquica que é aliciada por temores e defesas contra esses temores, além de tentativas irracionais de solucionar as tendências conflitantes. Para Horney (1945/1964), a ansiedade é o centro motriz das neuroses. O conceito nomeado pela autora como *ansiedade básica* define-se por um sentimento de isolamento e desamparo que a criança tem com relação a um mundo potencialmente hostil. Uma amplitude de fatores adversos podem produzir essa insegurança, como a falta ou o excesso de responsabilidade, de admiração ou de proteção por parte das figuras parentais. A partir daí, a criança desenvolverá defesas neuróticas.

A autora entende que as personalidades e suas dificuldades neuróticas são criadas pela integridade das condições em que se vive. Faz-se a ressalva de que, embora o estudo dos enlaces sociais seja necessário para a compreensão do comportamento humano, nem todos os indivíduos de certa cultura compartilham do mesmo modo de agir. A forma como a cultura exerce influência diverge de indivíduo para indivíduo, de acordo com a história de suas relações familiares, sociais e a formação de seu próprio eu. Dessa forma, tal generalização não pode ser defendida; deve-se considerar cada indivíduo em sua particularidade. Horney, em toda a sua obra, refere-se a conflitos e defesas neuróticas que, no entanto, como a própria autora reconhece, não

116 FAMA

são pertencentes apenas àqueles que desenvolvem neuroses, mas estão presentes, em diferentes graus, em todos os seres humanos.

Neurose é um termo utilizado por Freud (1917 [1916-17]/1996b) para caracterizar pessoas que apresentam certo grau de sofrimento e de desadaptação em uma ou algumas áreas significativas da vida, porém com preservação de uma boa capacidade de juízo e de adaptação à realidade. O autor defende que o conflito neurótico que acompanhará o indivíduo ao longo da vida é resultado das primeiras relações e conflitos que se estabelecem nas diferentes fases do desenvolvimento de cada ser humano em sua particularidade. Horney e Freud reconhecem que as neuroses presentificam-se e diferem em grau em todos os homens.

As aspirações rumo à autorrealização originam-se na propensão ao desenvolvimento de certas faculdades, o que é próprio da natureza humana. Horney defende que a presença de uma ambição neurótica e a necessidade de obter triunfo e admiração exacerbada (como a necessidade de conquistar a fama) ultrapassam o desejo saudável de autorrealização e caracterizam o desejo de solidificar a autossuficiência. Segundo a autora, "As energias que impulsionam o indivíduo para a autorrealização são desviadas com o objetivo de realizar o ego idealizado" (Horney, 1945/1964, p. 27). O indivíduo desejará exteriorizar seu ego idealizado, o qual se tornará evidente na forma de um impulso em direção às conquistas ideais. A autora nomeia esse impulso de *conquista da glória*. O conceito de *ego idealizado* é uma apropriação que Horney fez do conceito freudiano de *ego ideal*.

Horney (1950a/1966) descreve o comportamento de sobrepor-se aos demais, de exaltação do próprio ser, a exigência de conquistar um modelo ideal e a busca por admiração como característicos da neurose. Segundo a autora:

> A diferença entre os anseios naturais e a conquista neurótica da glória é a mesma que existe entre a espontaneidade e a obrigatoriedade; entre o reconhecimento e a negação das limitações; entre visar um glorioso objetivo final e um sentimento de evolução; entre parecer e ser; entre a fantasia e a verdade. (p. 43)

No trecho acima, a autora deixa transparecer uma de suas ideias fundamentais, que diz respeito à criação de um eu fantasiado, o qual nega o eu da realidade e faz-lhe contínuas cobranças. Horney (1937/1977) conceitua como *narcisismo* a admiração inflada de si próprio por meio de valores fundamentados em idealizações de si mesmo. A pessoa com um funcionamento narcisista espera amor e admiração dos demais em razão de qualidades que ela julga possuir. A autora afirma ainda que o narcisismo é uma tendência neurótica autodefensiva que pode ser provocada por um ambiente desfavorável. Ela não converge com a conceituação de Freud para o narcisismo, uma vez que não acredita que este seja parte de um desenvolvimento psíquico normal, e também não compartilha da definição de *amor de si mesmo*. Para Horney (1937/1977), *narcisismo* é sempre autoinsuflação. Ela diz:

> Somente para fins descritivos, tal pessoa poderia ser chamada de *narcisista*. Encarado dinamicamente, contudo, esse nome pode dar margem a erros, pois, embora essa pessoa esteja constantemente preocupada em inflar seu ego, não o faz essencialmente por

118 Fama

amor- próprio, mas para proteger-se de um sentimento de insignificância e humilhação ou, mais explicitamente, para ressarcir seu respeito próprio alquebrado. (p. 122)

Mais tarde, em 1950, Horney reapresenta o conceito de *narcisismo* com as mesmas linhas estruturais. Enfatiza que o amor e a admiração nutridos por si próprio são descrições ilusórias que o indivíduo apresenta de si; o indivíduo espera ser admirado por qualidades no grau que supõe possuir. Fundamentando melhor suas divergências em relação a Freud, a autora esclarece:

> De acordo com o meu ponto de vista, as tendências narcisistas não derivam de um instinto, mas representam uma tendência neurótica; nesse caso, uma tentativa de enfrentar-se a si mesmo e aos outros por meio do engrandecimento do eu. (Horney, 1950b/1966, p. 83)

Embora a autora negue o narcisismo como uma fase normal do desenvolvimento na constituição do eu, acredita-se que ela traga contribuições para o entendimento da afirmação do próprio Freud sobre o narcisismo como modo de defesa do eu.

Horney prossegue dizendo que, para Freud, a formação do amor-próprio e o "autoengrandecimento" são fenômenos narcisistas. Ela defende que estes são fenômenos excludentes, que se a autoestima do eu for enfraquecida por alguma razão, poderão surgir tendências narcísicas. Consequentemente, afirma o narcisismo como alienação do eu, e não como expressão de amor ao eu, conforme diz Freud (1914/1974). Para Horney, Freud acredita que os indivíduos que apresentam um funcionamento narcisista investem demasiada libido em si mesmos e esvaziam o objeto de libido. Porém, para a autora, esses indivíduos afastaram-se tanto de si mesmos quanto dos outros, sendo, portanto, incapazes de amar a si próprios, assim como aos outros. Por fim, ela aceita o dualismo entre narcisismo e amor objetal posto por Freud e afirma que qualquer egocentrismo diminui o real interesse em possíveis objetos de amor.

Conforme já discutido, Freud (1914/1974) não nega a existência de um narcisismo como defesa à desestruturação do eu, o que supõe a aceitação de um abalo do amor-próprio na defesa narcísica.

Para Horney, o neurótico nutre ilusões narcísicas de grandiosidade a seu respeito e, para sustentar sua crença, acredita que as demais pessoas têm obrigação de tratá-lo com atenção especial. As pessoas neuróticas esperam ser tratadas de acordo com seus eus ideais. Há constante reivindicação de tratamento especial, pois elas acreditam ser diferentes, melhores e mais talentosos que as demais pessoas. A busca por exagerada devoção, por ser admirado ou respeitado e a necessidade de ser estimado a qualquer custo caracterizam um desejo neurótico. "Sentem-se e comportam-se como se sua existência, felicidade e segurança dependessem de elas serem estimadas" (Horney, 1937/1977, p. 82). Sobre o neurótico, a autora diz ainda:

> [...] desenvolve uma necessidade coerciva de impressionar outras pessoas, de ser admirado e respeitado. Sonhará impressionar outros com sua beleza, inteligência ou com algum feito notável; gastará dinheiro perdulariamente e de modo a ser notado; terá de estar em condições de falar a respeito dos mais recentes livros e

120 FAMA

peças e de conhecer pessoas eminentes. Não poderá aceitar que pessoa alguma – amigo, cônjuge, empregado – não o admire. Todo o seu respeito próprio repousa em ser admirado e reduz-se a nada se não receber provas dessa admiração. (p. 122)

A autorrealização somente pode ser percebida como tal através de um reconhecimento por parte de um outro que lhe permita sentir-se adorado. O neurótico necessita da contemplação e do reconhecimento de sua grandiosidade para torná-la presentificada em seu ser.

Horney (1950a/1966) reconhece três modos de conquistar a glória, que têm como base impulsora a autoidealização: a necessidade de perfeição, a ambição neurótica e o desejo de triunfo vingador. Todas elas têm como objetivos obter um lugar de privilégio, admiração e endeusamento, e colocar-se acima dos demais, pois somente nessa posição seria possível o mundo externo certificar o indivíduo de sua perfeição idealizada e fazê-lo sentir-se importante. A autora descreve aquilo que chama de *necessidade de perfeição* como o impulso mais radical em direção à realização da imagem autoidealizada. A personalidade do indivíduo precisa ser remodelada de acordo com o modelo especial de perfeição que ele deseja ser.

Horney (1950a/1966) afirma que a ambição neurótica consiste no impulso de obter êxito em todos os aspectos da vida. O conteúdo a ser atingido varia de acordo com o momento da vida, porém, a ambição por atingir a superioridade permanecerá, independentemente do objetivo que se pretenda alcançar. O sucesso almejado pertence, frequentemente, à categoria do prestígio, ou seja, anseia-se por popularidade, admiração, atenção especial, aclamação. Segundo

CONTRIBUIÇÕES DA PSICANÁLISE À COMPREENSÃO DO DESEJO DE FAMA **121**

a autora, os esforços para a obtenção de glória e reconhecimento apresentam um caráter neurótico. Sobre isso, ela diz:

> Vivendo como vivemos, numa cultura competitiva, essas observações podem parecer estranhas ou dissociadas da realidade. Estamos tão imbuídos à ideia de que cada um procura superar o seu vizinho que achamos perfeitamente "naturais" essas tendências. Todavia, a compulsão para obter sucesso não perde nada de seu caráter neurótico, pelo fato de esses impulsos só surgirem nas culturas competitivas. Mesmo nas culturas competitivas há, para muita gente, coisas mais importantes do que ser melhor que seu vizinho: desenvolver suas qualidades humanas, por exemplo. (p. 29)

Embora a tendência à glória e à fama seja algo compartilhado por muitos indivíduos, o que leva a considerar esse comportamento comum ou "normal", se a analisarmos precisamente, veremos que não deixa de ser um comportamento sintomático. Aquilo que se considera "normal", pelo fato de ser observado com frequência em determinada época e cultura, pode gerar sofrimento e não permitir o desenvolvimento saudável do indivíduo. Entende-se tal comportamento como uma forma de defesa neurótica.

Horney prossegue afirmando que, em uma sociedade em que o prestígio individual não é um dado valorizado, mas, ao contrário, é desencorajado, ele não servirá ao neurótico para aplacar seus sentimentos de insignificância e desvalia. Na sociedade atual, a luta pela posse e pelo poder é aplaudida e louvada, e somente por isso é objeto de desejo do neurótico.

Já o impulso direcionado ao "triunfo vingador" tem como objetivo primordial destituir e sobrepor-se aos outros

122 FAMA

por meio da conquista do sucesso próprio, o qual presume ostentação de si e consequente admiração. Sua preeminência objetiva infligir sofrimento aos demais. A autora descreve que esse impulso teria sua origem em humilhações vivenciadas no período infantil e, por isso, caracteriza-o como *vingador*.

Os itens enumerados como meios de equiparar-se àquilo que se idealiza, de obter poder e prestígio, são descritos por Horney (1937/1977) como elementos compreendidos em uma forma de defender-se do sentimento de ser considerado "sem importância".

Assinala-se que a conquista da glória e seu reconhecimento apresentam um aspecto de insaciabilidade. Dificilmente o indivíduo usufruirá o sucesso alcançado, uma vez que necessitará, de modo incansável, de novas formas de sentir-se momentaneamente glorificado.

Outra característica citada por Horney (1950a/1966) como pertencente à conquista da glória é a *fantasia*. A imaginação do indivíduo o fará confundir fatos reais com ilusões, a fim de confirmar as ideias que nutre sobre si mesmo. A fantasia está presente tanto em um funcionamento saudável como no funcionamento neurótico; o que difere um caso do outro é o enriquecimento ou o empobrecimento que eles proporcionam às relações. Em concordância com Freud (1914/1974), Horney visualiza as idealizações fortemente presentes no impulso a investimentos narcísicos, porém sob a forma da conquista da glória.

Na tentativa de negar a existência de conflitos e de preservar a sensação de unidade de si mesmo, cria-se uma imagem idealizada na qual se acredita ser ou sente-se que se

CONTRIBUIÇÕES DA PSICANÁLISE À COMPREENSÃO DO DESEJO DE FAMA **123**

pode chegar a alcançá-la. O ego idealizado cria normas internas que delineiam o que se deve fazer, ser, sentir e saber, assim como tudo o que não deve ser ou fazer. Horney exemplifica com êxito as regras autoimpostas por um modelo idealizado do próprio eu:

> O indivíduo deveria atingir o máximo de honestidade, da generosidade, da consideração, da justiça, da dignidade, da coragem, do altruísmo. Deveria ser o amante, o professor, o esposo perfeitos. Deveria ser capaz de suportar tudo, gostar de todo mundo, amar seus pais, sua esposa, seu torrão natal; ou, então, não deveria afeiçoar-se a ninguém ou a nada, não deveria importar-se com coisa alguma, nunca deveria sentir-se ofendido, e deveria estar sempre calmo e sereno. Deveria gostar sempre da vida ou, então, deveria estar acima dos prazeres e alegrias. Deveria ser espontâneo ou, então, controlar sempre seus sentimentos. Deveria saber, compreender e prever tudo. Deveria ser capaz de resolver todos os seus problemas, ou os alheios, num piscar de olhos. Deveria ser capaz de superar todas as suas dificuldade, no mesmo instante em que as percebesse. Nunca deveria sentir-se cansado, ou ficar doente. Deveria ser capaz de fazer, numa hora apenas, um trabalho que exigiria duas ou três horas dos demais. (p. 72)

As exigências internas são vivenciadas como leis que devem ser cumpridas a todo custo. Tornam-se não apenas um querer aproximar-se daquilo que se idealiza, mas um dever de tornar-se a imagem perfeita fantasiada. O indivíduo não pode reconhecer limitações a fim de manter-se fiel às ilusões que alimenta sobre si mesmo; por isso, estará sempre buscando corresponder ao que acredita ser sua própria imagem de perfeição. Pode-se afirmar que, aqui, o desejo de buscar e reter uma imagem de perfeição de si mesmo evidenciado

124 Fama

por Horney coincide com o desejo de retorno ao ego ideal conceituado por Freud[8].

OS DEVERES E O *SUPEREGO*

A expressão *ideal de ego* foi introduzida por Freud em *Sobre o narcisismo: uma introdução* (1914) para designar um modelo que tem origem no narcisismo primário e com o qual o sujeito busca conformar-se. Nessa obra já se observa, no *ideal de ego*, traços de exigências impostas ao ego que somente serão formuladas com clareza posteriormente, a partir da conceituação de *superego*.

Em *O ego e o id* (Freud, 1923), ao elaborar a segunda teoria do aparelho psíquico, Freud introduz o conceito de *superego* e utiliza-se dele como sinônimo do *ideal de ego*. O conceito de *ideal de ego* foi, então, absorvido pelo conceito de superego na teoria psicanalítica. Freud descreve o superego como uma parte que se separou do ego e está menos firmemente vinculada à consciência; contudo, é a parte que vai dizer o que o ego deve e o que não deve ser.

Mais tarde, em *A dissecção da personalidade psíquica* (1933a [1932]/1996), Freud reinsere os dois conceitos como sendo distintos. Concebe o *superego* de maneira global, atribuindo-lhe funções de proibição e de exigências, simultaneamente, sendo o *ideal de ego* reduzido a uma função do superego, à qual caberá exigir do ego uma correspondência aos ideais. Hoje, alguns autores[9] divergem de Freud e apresentam dife-

---

[8] Ver item "Narcisismo e formação de ideais", p. 93 deste livro.

[9] Tais autores serão apresentados; contudo, é oportuno esclarecer que neste livro é acolhida a definição de Freud.

CONTRIBUIÇÕES DA PSICANÁLISE À COMPREENSÃO DO DESEJO DE FAMA **125**

rentes concepções sobre os conceitos de *ideal de ego* e de *superego* e suas relações.

Smirgel (1992) diferencia o ideal de ego do superego. Explica que o *superego* é proveniente do complexo de castração, separando a criança da mãe, enquanto o *ideal de ego* a leva à fusão com a mãe. Nesses termos, o superego coloca uma barreira nas exigências sem limite do ideal de ego. Em concordância, Dessuant (1992) afirma:

> Diferentemente do ideal de ego, que tende a restaurar a onipotência narcísica e a fusão primária, o superego, que resulta da angústia de castração correlativa ao complexo de Édipo, tende a promover a realidade, destruindo a ilusão de um retorno à onipotência primitiva. (p. 87)

No desenvolvimento de patologias, Dessuant (1992) afirma que o ego aparece prensado no meio de um conflito entre as contraditórias exigências do superego e do ideal de ego. Há uma dificuldade para o ideal de ego narcísico se submeter às proibições impostas pelo superego. Falhas na injunção dessas estruturas poderiam trazer patologias decorrentes. O autor argumenta ainda que é possível pensar o superego como a parte inconsciente das interdições interiorizadas, enquanto o ideal de ego pertenceria à parte consciente.

Zimerman (1999) afirma que há uma sutil diferença entre os conceitos de *superego*, *ego ideal* e *ideal de ego*, que deve ser explicitada. Segundo o autor, o *superego* é proveniente do Édipo, enquanto o *ego ideal* é herdeiro do narcisismo primário e o *ideal de ego* surge a partir do ego ideal projetado nos pais, com quem a criança vai se identificar.

126 FAMA

Freud (1923/1976) descreve o superego como uma instância psíquica resultante das identificações, conscientes e inconscientes, com as proibições e as exigências das figuras parentais, que impõem severas condições à satisfação da libido por meio de objetos. O autor diz ainda que o superego é herdeiro do complexo de Édipo, constituindo-se pela interiorização das exigências e das interdições parentais. Freud (1933a [1932]/1996) afirma que o superego é estruturado a partir da castração simbólica, instaurada ao final do Édipo. Em termos gerais, a criança apresenta um intenso desejo sexual em relação à figura materna e o pai surge como a figura que vem separá-la da mãe, colocando a proibição e instaurando, simbolicamente, a castração. Por meio da identificação com os pais, a criança interioriza a interdição. Isso significa que o superego se forma por uma identificação bem-sucedida com a instância parental, introjetando em si as leis e os ideais de seus pais.

Alguns autores, como Klein (1975/1981), defendem que a formação do superego ocorre numa época anterior àquela que Freud situa. De acordo com o autor, o superego tem início sob a supremacia dos impulsos pré-genitais, anteriormente ao Édipo. Os objetos que foram introjetados na fase oral-sádica (fantasia de devorar a mãe), ou seja, as primeiras catexias do objeto e as primeiras identificações marcam o começo do superego primitivo. Segundo a autora, os próprios sentimentos de angústia da criança por suas tendências agressivas também são elementos importantes na constituição do superego:

> De mais a mais, o que origina a formação do superego e rege seus primeiros estádios são os impulsos destrutivos e a angústia

que despertam. Ao considerarmos, pois, os impulsos do indivíduo como o fator fundamental para a formação de seu superego, não negamos a importância dos objetos nesse processo. (p. 188)

De qualquer modo, o esquema kleiniano aceita a ulterior instalação do superego freudiano, que, segundo Klein, atenua os rigores do superego primitivo. Soifer (1992) assinala a diferença na concepção de *superego* entre os autores:

É bom destacar, nesta altura, a diferença entre a concepção freudiana do *superego* e o *superego* precoce descrito por Melanie Klein. Na primeira, trata-se de uma incorporação e identificação com as figuras parentais que ocorre aos cinco anos de idade; na segunda, trata-se de imagens fantásticas, perseguidoras e idealizadas, derivadas das pulsões instintivas que se produzem desde os seis meses de vida. (p. 91)

Freud e Klein concordam que as posteriores proibições, regras e exigências sociais mantêm o funcionamento do superego. Segundo Klein, os mecanismos de introjeção e projeção que se iniciam desde o nascimento e perduram por toda a vida são considerados instrumentos estruturantes do psiquismo. Com base nessa afirmação, pode-se afirmar que é a partir desses mecanismos que se torna possível a origem do superego e permite que sua função se mantenha. Para ambos, o superego é formado por objetos internalizados referentes à identificação com as figuras parentais, que ditam aquilo que se deve ou não fazer de acordo com o que esperam. Freud diz: "O superego surge, como sabemos, de uma identificação com o pai tomado como modelo" (Freud, 1923/1976, p. 71). Em outras palavras, o superego é considerado o representante das exigências internalizadas.

Para Bleichmar (1985), a maior ou menor tolerância do ego ao afastamento das exigências ideais do superego é um produto das identificações primeiras com as figuras parentais, a partir das quais se forma o superego. Em alguns indivíduos, as imposições do superego mostram-se demasiadamente intransigentes, demandando do ego aquilo que ele não pode ser. A tensão resultante oprime o ego, gerando uma necessidade de autopreservação. Freud (1923), ao estudar o sentimento de culpa contido na melancolia e na neurose obsessiva, evidencia a formação de defesas narcísicas com base nas tensões situadas entre o ego e as exigências do superego. Para o autor, o ego é perturbado por três fatores: o mundo externo, a libido do id e a severidade do superego. A volta ao narcisismo é uma tentativa de restauração da totalidade do ego.

Segundo Freud, é possível afirmar que, quando o superego apresenta-se demasiadamente rígido, uma saída que o indivíduo encontra para aliviar a tensão entre ego e superego e preservar seu ego é o movimento regressivo ao ego ideal. Assim, considera-se que há no narcisismo um ego fragilizado, que tenta se fortalecer por meio do investimento da libido no próprio eu. Desse modo, edifica uma idealização de seu eu, o qual se encontrava impotente diante do superego opressor. O indivíduo passa a acreditar ser o seu eu idealizado e defende-se do sentimento de diminuição e frustração relacionado às exigências superegoicas.

Essa afirmação de Freud parece inconsistente ou ao menos insuficiente, uma vez que a volta narcísica ao ego ideal presume o sacrifício do ego, a fim de corresponder a essa imagem idealizada do próprio eu, o que manteria as exigências autoimpostas. Além do mais, não se deve considerar o narcisismo e a busca pelos ideais excludentes. Para elucidar essa questão, expõe-se a afirmação anterior de Freud (1914), em que o autor defende a formação dos ideais a partir da imagem do ego ideal vivenciada no narcisismo primário. Assim, é no ideal de ego que o sujeito buscará, através de objetos substitutivos, resgatar vestígios de seu ego ideal.

O ego ideal é a imagem idealizada de si estruturada a partir do narcisismo primário, e seus vestígios permanecerão sob a forma de exigências do ideal de ego, estrutura essa que compõe o superego. Desse modo, abarca-se a ideia de que a volta narcísica ao ego ideal e as exigências do superego caminham juntas, sendo a regressão ao ego ideal insuficiente como modo de defesa para o ego. Horney contribui para o esclarecimento dessa questão: segundo a autora, o indivíduo buscará corresponder às exigências do ideal de ego, o qual, para o neurótico, faz referência ao ego ideal narcísico. Dessa forma, a busca narcísica encontra-se estreitamente ligada às exigências do superego.

As exigências autoimpostas são largamente descritas por Horney (1950a/1966). A esses ditames internos a autora chamou de *tirania do dever*. Embora Horney atribua à tirania do dever as exigências internas, de certa forma distingue tais exigências do conceito de *superego* formulado por Freud (1923/1976)[10].

---

[10] Entre as premissas da psicanálise freudiana abandonadas por Horney incluem-se todas aquelas que, segundo a autora, dão à psicanálise um caráter pulsional e biológico. Ao lado disso, ela elimina a divisão estrutural da psique

Freud diz que as exigências ideais são resultantes do sadismo superegoico. Horney (1950b/1966) argumenta que as exigências impostas pelo superego devem ser consideradas consequência da formação dos ideais e que o padrão imposto pelo ego ideal faz a agressividade voltar-se para si, pelas exigências do superego. Considerando-se a formação das cobranças ideais originárias do ego ideal, tal afirmação parece aceitável. Horney concorda com Freud quando este diz que quanto mais um homem dirige-se às exigências de seu ideal de ego, mais intensa se torna a inclinação de seu ideal de ego à agressividade contra seu próprio ego. A essa afirmação, Horney acrescenta apenas que a agressividade consigo mesmo não exclui a agressividade para com os outros.

Um ponto questionado por Horney (1950b/1966) ao analisar a conceituação de *superego* formulada por Freud é a afirmação do autor de que as exigências de perfeição como resultado de uma instância psíquica interna induzem à necessidade de perfeição para consigo mesmo, ou seja, dizem respeito a ditames internalizados que impõem aquilo que o ego deve ser, mas não fazem menção às cobranças externas advindas de outras pessoas. Para Horney, esses indivíduos são extremamente dependentes dos outros. A autora enfatiza a existência de uma necessidade de parecer perfeito aos olhos dos outros, por isso torna-se obrigatório que sua infalibilidade seja reconhecida. O parecer perfeito é dirigido tanto aos olhos dos outros quanto a si próprio. A

---

em *id*, *ego* e *superego*. Nesses termos, o que Horney descreve como *tirania do dever* diz respeito às exigências internas, assim como o superego conceituado por Freud, porém, recusa que tenham uma formação pulsional.

observação desse fato, conforme a autora, implica uma revisão do conceito de *superego*:

> Então, o *superego* já não pode ser considerado uma instância especial, que existe dentro do *ego*; ele tem de ser encarado como uma necessidade especial do indivíduo. Não é mais o advogado da perfeição moral, mas a expressão da necessidade que o neurótico tem de manter uma aparência de perfeição. (p. 177)

Não se deseja, aqui, desconstruir a conceituação de *superego* de Freud, porém considera-se que essa afirmação esclarece e amplia sua teorização ao considerar a permanência das exigências sentidas como vindas do mundo externo e a necessidade de mostrar-se correspondente aos ideais para um outro. Além do mais, nesse trecho clarifica-se a ideia de que a autora sintetiza o termo *superego* ao conceito de *ideal de ego*, delimitando-o apenas às exigências de perfeição; as proibições são somente aquilo que não se deve fazer para atingir o fim único, que é a perfeição. Para ela, as leis morais genuínas, portanto, não se incluem nas exigências autoimpostas. Esse assunto será aprofundado mais adiante.

Horney (1950a/1966) afirma que as exigências autoimpostas denotam a presença de idealizações – ideias irracionais não relacionadas à realidade da vida cotidiana – e, para corresponder a elas, as exigências transformam-se em um dever que precisa ser cumprido:

> Quanto mais estiver o indivíduo sob o jugo da exigência de realizar o seu ego idealizado, mais os seus deveres se transformam na sua força motriz, na força que o guia e que o impele à ação. (p. 93)

Para Horney, seguir normas íntimas do que se deve fazer, ser, sentir, saber, assim como tudo o que não se deve ser ou fazer, a fim de transformar-se num ser absoluto, faz parte de um funcionamento neurótico. Muitas dessas exigências não podem ser satisfeitas. Ser a imagem ideal nos diferentes aspectos da vida, por exemplo, ser o marido ideal, o filho ideal, o profissional ideal, o pai ideal, é um fardo imenso e impossível de ser realizado. Embora extremado e grandioso, esse ideal não cumprido gera desconforto e insatisfação com o próprio eu. O indivíduo estará continuamente buscando tais ideais, a fim de minimizar o desconforto trazido pela comparação entre seu eu real e seu eu idealizado. Horney (1950b/1966) explica que essa disparidade é exposta por Freud (1923/1976) na forma de tensão entre o ego e o superego. Segundo ela, esse desconforto é baseado no temor de ver-se desmascarado, ou seja, de perceber suas imperfeições e incapacidades, como afirma Freud. A autora evidencia que o neurótico:

> [...] sustenta diante de sua alma a sua imagem de perfeição e, inconscientemente, diz para si próprio: "Esqueça-se da criatura desgraçada que você é, realmente; é isso que você deveria ser; e, conseguir ser essa imagem é tudo o que importa. Você tem de ser capaz de aguentar tudo, de entender tudo, de gostar de todos, de ser, sempre, produtivo". (p. 71)

Na tirania do dever, tudo aquilo que se idealiza, incluindo buscar prazer e bem-estar, torna-se uma obrigação. Não é bem-estar, é parecer bem para não sentir-se mal; não é sentir-se belo, é não sentir-se feio; é amenizar o sofrimento.

Os deveres formam uma rede defensiva que protege e estimula o ego idealizado.

O indivíduo estará repetidamente envolvido numa busca por igualar-se aos modelos ideais sociais e ao seu próprio ego idealizado na medida em que essa aproximação dos ideais lhe permite vivenciar sua imagem de perfeição, camuflando suas limitações. A glória de ser contemplado como uma figura ideal impulsiona a adequação do próprio eu às exigências extremas, assim como possibilita a não percepção da existência de uma fraqueza.

Os deveres acarretam sofrimento, e, quanto mais submisso estiver a esses deveres, mais o indivíduo se sentirá tenso, submetido e tolhido. A obrigatoriedade de edificar-se como um ser idealizado, embora gere grande dispêndio de energia e sofrimento, aplaca um sofrimento maior, advindo da relação com suas próprias fraquezas e com a realidade sentida de nada ser perante o olhar do outro.

Como fato mais importante, a autora aponta que os deveres inibem a expressão dos sentimentos, submetida e controlada pelo indivíduo, mas o sofrimento consequente não pode ser controlado: "Esse é o preço mais alto que pagamos na tentativa de alcançar a perfeição", afirma Horney (1950a/1966, p. 93).

Horney afirma que seguir os ideais impostos pela sociedade, incluindo os ideais morais, faz parte dos deveres autoimpostos para atingir a perfeição. A obrigação de parecer perfeito pode se relacionar com qualquer coisa que seja culturalmente valorizada: "É certo que as ordens no sentido de obter uma perfeição moral assumem um lugar preeminente entre os deveres" (Horney, 1950a/1966, p. 81). Ela diz, ainda (1950b/1966):

> Não seria muito correto afirmar que o conteúdo da necessidade de aparentar perfeição só incidentalmente coincide com os valores morais aprovados socialmente: os fins perfeccionistas não poderiam preencher as suas várias funções se não coincidissem com os padrões aceitos socialmente. (p. 188)

Contudo, a autora delimita uma diferença entre os deveres e a moral. Ela argumenta que as obrigações e deveres não trazem em si uma seriedade moral genuína, uma vez que muitas dessas exigências carecem completamente de pretensões morais. De acordo com Horney (1950a/1966):

> Tal como acontece com os outros deveres, o da perfeição moral também está impregnado do espírito da arrogância e visa aumentar a glória do neurótico por meio de um endeusamento pessoal. Sob esse aspecto, a perfeição moral é uma falsificação neurótica dos desejos morais normais. Se acrescentarmos a tudo isso a desonestidade inconsciente forçosamente envolvida na supressão das imperfeições, o fenômeno todo deverá ser considerado antes imoral do que moral. (p. 81)

Desse modo, Horney explicita com clareza que a lei e a moral diferem das autoexigências do superego, pelo fato de não se classificarem como deveres que geram esforço e sofrimento para o indivíduo. A moral cumprida como um dever distancia-se de sua integridade. Discute-se aqui a posição de Horney, chamando a atenção para o fato de que a autora não apresenta ou discute a forma pela qual uma moral genuína, a qual ela defende existir, se forma e como

CONTRIBUIÇÕES DA PSICANÁLISE À COMPREENSÃO DO DESEJO DE FAMA **135**

é vivida pelo indivíduo. Freud (1908/1996) não faz essa diferenciação; ao contrário disso, ele aponta as exigências autoimpostas diretamente ligadas aos deveres morais.

Horney (1950a/1966) aponta que considerar as normas íntimas (superego) constituintes da moral foi um dos maiores erros de Freud. A autora diferencia as exigência autoimpostas, que correspondem ao conceito de *superego* para Freud, da moral verdadeira, enquanto Freud defende que o superego é formado pela internalização das leis morais, posicionamento aparentemente mais adequado. É pertinente recordar que Freud ainda diz, sobre a moral sexual civilizada, que a adequação aos modelos ideais pode levar o indivíduo ao sofrimento pelos esforços que lhe são exigidos, ideia que converge com o pensamento de Horney.

Mesmo o dever moral sendo um modo de falsificação, como alega Horney, o indivíduo se esforça para agir conforme um ser moral e, com isso, mantém a aparência de ser moralmente correto, além de encarnar os valorizados ideais da cultura. Através da incorporação dos ideais ditados pela sociedade, se alcança uma imagem de si bem vista e admirada aos olhos dos outros, embora haja sofrimento e incoerência para o próprio indivíduo.

Uma diferenciação entre a busca por ideais sociais e a busca pelo ego ideal deve ser ressaltada. É importante pontuar que os ideais presentes em uma sociedade sempre fazem referência à idealização do próprio eu. Segundo Freud (1914/1974), o ideal de ego é herdeiro de um momento mítico vivenciado na infância, quando o eu era sentido como a imagem perfeita de si mesmo, como o ego ideal. A busca de um retorno a esse ego ideal infantil ressurge na forma de um ideal de ego que agrupa os ideais do meio social.

O sentimento de ser glorificado e o sentir-se especial são concedidos ao indivíduo ao se esforçar para corresponder aos modelos ideais e, consequentemente, para aproximar-se de seu próprio eu idealizado. Com isso, ele adquire reconhecimento em um grupo social. Contudo, a ideia de realização do ego ideal, conforme já explicitado, é um modo de retorno narcísico que traz sofrimento para o indivíduo, pelo fato de ser inalcançável e irrealizável.

Parte 2
Experienciando o fenômeno *fama*

Capítulo 3
Quero ser famoso

"Os anúncios nos fazem comprar carros e roupas. Temos empregos que odiamos para comprar porcarias de que não precisamos. Somos os filhos no meio da história. Sem propósito, sem lugar. Nós não temos grandes guerras, nem grandes depressões. Nossa grande guerra é a guerra espiritual. Nossa grande depressão é nossa vida. Todos nós fomos criados vendo televisão para acreditar que, um dia, todos seríamos milionários e deuses do cinema e estrelas do rock. Mas nós não somos. Devagar vamos aprendendo isso. Nós estamos muito revoltados."

Clube da Luta (1999)

Quem nunca pensou em ser famoso? Rico ou pobre, belo ou feio, talentoso ou não, inevitavelmente todos nós já imaginamos, algum dia, como seria a nossa vida se fôssemos famosos. Nesse instante, uma vida de sonhos vem à nossa mente, preenchendo todos os nossos desejos e carências. Essa é a razão pela qual muitos de nós tanto se esforçam e de tudo são capazes para um dia chegar à fama, fama essa que nos proporciona imensa visibilidade e transforma nossas vidas, nos alçando do anonimato ao topo do mundo.

138 FAMA

Mas será mesmo que a fama tem esse poder? Será esse, enfim, o tão esperado encontro com a felicidade? E o que esse desejo tão grande de reconhecimento diz sobre nós mesmos? Quais são as necessidades que tentamos suprir tornando-nos famosos? Conseguimos supri-las? Neste capítulo tentaremos responder a essas perguntas. No momento I, apresento um breve relato sobre os participantes desta pesquisa. No momento II, será apresentada, por categorias, uma análise do discurso de indivíduos que desejam e buscam a fama. Trechos de entrevistas serão explicitados e discutidos a fim de ilustrar e clarificar o desejo de fama e suas implicações. Ao lado de cada fala transcrita foi colocada, entre parênteses, a identificação de cada participante, pelo nome fictício e a idade[1].

MOMENTO I

CONHECENDO OS ENTREVISTADOS

1. LAURA

Tem 18 anos. Completou o Ensino Médio, trabalha como modelo há sete anos e é vendedora de uma loja de moda feminina há um ano. Sua carreira de modelo se iniciou aos 11 anos, quando algumas amigas de sua mãe levaram suas fotos

---

[1] A partir do relato de sete indivíduos (cinco mulheres e dois homens), com idade entre 18 e 25 anos, os quais explicitamente desejam e buscam a fama pela fama, ou seja, apenas como forma de visibilidade, destaque e admiração social, foram identificados os conteúdos significativos de suas falas e relacionados com a teoria psicanalítica. Entre os sujeitos, dois são atores e modelos, dois são modelos, um é músico e dois se inscreveram para o programa Big Brother Brasil.

a uma agência de modelos. Pouco depois, a agência entrou em contato procurando por ela; assim, Laura decidiu inscrever-se. Diz que sempre quis ser modelo e sempre gostou de aparecer. Desde os sete anos já desfilava no colégio. Ainda pequena, gostava de ver as modelos na televisão e se imaginar lá. Já fez teatro e pensou em ser atriz, mas prefere sua imagem como modelo. Hoje, quer entrar numa faculdade e se formar em Direito, porque modelo famosa que também tem nível superior tem um *marketing* a mais. Diz que, pra ser bem-sucedida, também precisa fazer faculdade. Declara querer ser famosa como modelo, atriz, apresentadora de programa de moda ou participante do BBB.

2. MAURÍCIO

Tem 24 anos. Atualmente está cursando graduação em Propaganda e Marketing só para agradar seu pai, mas diz que o que realmente quer é trabalhar como músico. Anteriormente, cursou um ano de Jornalismo e três anos de Arquitetura, mas não concluiu nenhum dos dois cursos. Já trabalhou como arquiteto, mas nunca deixou de tocar. É guitarrista e toca em bares desde os dezesseis anos. Tem carteira de músico profissional há dez anos. Quando criança, pensou em ser famoso como jogador de basquete e, logo em seguida, começou a tocar guitarra. Deseja ser famoso como músico desde os dezesseis anos, fazendo algo original, único; quer ser o primeiro e o mais importante e, como consequência disso, tem como objetivo lançar uma marca de guitarras com seu próprio nome. Entraria para o BBB para divulgar seu nome e se tornar conhecido como músico.

140 FAMA

3. MILENA

Tem 25 anos. Concluiu a graduação em Turismo. Mais tarde, iniciou o curso de Direito, mas não concluiu. Diz que ainda não se encontrou e que não sabe o que quer fazer; só sabe que quer a fama. Quando pequena, queria ser igual à Xuxa; pensava em ser Paquita ou cantora. Hoje ainda tem o desejo de ser cantora e diz que é porque o que quer realmente é ser famosa. Trabalha com suporte de redes há três anos, mas diz que está lá por acaso e que não gosta do que faz. Há seis anos tem o objetivo de entrar para o BBB, por isso se inscreveu em todas as edições do programa. Imagina iniciar sua vida de famosa por meio do BBB. Após conquistar a fama no programa, pretende manter-se famosa como cantora, atriz, apresentadora ou qualquer outra coisa. Quer aparecer na televisão.

4. ELIANA

Tem 24 anos. Tem o Ensino Médio completo. Trabalha como modelo há cinco anos e é secretária da agência de modelos há três meses. Tinha o sonho de ser modelo desde pequena, mas somente resolveu procurar uma agência quando percebeu que todos diziam que ela era magra e que devia ser modelo. Quer fazer uma graduação e pensa em ser modelo para ser famosa e ser entrevistada na televisão. Quer ser famosa como modelo e também como atriz, e tem como objetivo o ideal de sucesso da carreira.

5. RENÃ

Tem 18 anos. Concluiu o Ensino Médio, trabalha como ator há cinco anos e como modelo há nove anos. Também é *scoulter* ("olheiro") da agência de modelos há três meses. Desde os nove anos, sempre quis estar no meio artístico. Sempre quis – e quer – ser ator, modelo e cantor ou qualquer coisa assim; diz querer mesmo é estar na televisão. O que o fascina nisso é o *status*. Desde pequeno assistia à televisão e dizia que queria estar ali. Ninguém disse que ele tinha jeito para ser modelo; foi uma coisa que ele mesmo buscou. Entrou na faculdade de Psicologia porque diz que está tentando ser inteligente. Quer ser famoso sendo qualquer coisa que o faça estar na televisão.

6. ANA

Tem 21 anos e o Ensino Médio completo. É atriz e modelo há três anos e trabalha com vendas há seis meses. Quando pequena, assistia muito à televisão e, em suas brincadeiras, imitava o que via; isso despertou seu desejo de ser atriz. Pensou em ser médica, mas diz que era só porque seu pai falava nisso. Entraria na faculdade só para calar a boca do pai e da mãe. Não quer as coisas normais da vida; tem que ser mais do que isso, ser diferente. Ana quer mesmo é ser atriz e aparecer na televisão. Começou a carreira de modelo com dezoito anos, quando entrou numa agência, levada por seu namorado. Inscreveu-se também num curso de atriz. Posaria para a *Playboy* para aparecer muito e ficar conhecida. Deseja ser famosa como modelo, atriz ou qualquer outra coisa, desde que apareça na televisão. Objetiva chegar ao ápice da carreira.

7. ADRIANA

Tem 25 anos. Completou a graduação em Artes Plásticas e já trabalha com *design* gráfico há cinco anos. Diz que ainda não conseguiu o que imaginou para sua vida, não é a pessoa que quer ser. Precisa ficar famosa porque sabe que é isso o que quer e de que precisa para ser feliz. Desde pequena queria ser apresentadora de televisão e modelo para ser reconhecida na rua. Pensa em entrar para o BBB para ficar famosa rapidamente e depois estudar Teatro. Já se inscreveu para o BBB três vezes e, enquanto isso, fica imaginando o dia em que será descoberta como modelo. É esse o seu desejo. Quer ser famosa como *top model*, com tudo a que tem direito, apresentadora de programa, BBB ou atriz.

MOMENTO II

A IDEALIZAÇÃO DA FAMA E O DESEJO DA IMAGEM IDEAL

Fama, uma condição onde o imaginável e o inimaginável tornam-se reais a sempre que se desejar – basta um piscar de olhos. O dinheiro pode comprar tudo. É permitido viajar para os mais diversos países em qualquer parte do mundo, conhecer lugares e pessoas diferentes. Há muitas festas para as quais sempre se é convidado, ou melhor, nas quais se é o convidado especial, aquele que recebe os tratamentos de honra e não lhe deixam faltar nada. Todos esperam por sua entrada triunfal, somente para vê-lo passar diante de seus olhos, nem que seja por um breve momento. Querem vê-lo, tocá-lo, cheirá-lo; querem tudo o que faz referência a ele. Todos os olhares contempladores voltam-se para um único centro: o possuidor da fama. Não há outro ser que consiga desviar esses olhares, ninguém ameaça ofuscar seu brilho intrínseco.

Esse é o mundo mágico da fama que todos os entrevistados mencionados neste livro imaginam existir e é exatamente aquilo que perseguem com tanta determinação e vontade. Para os entrevistados, o famoso pode estar de mau-humor e permitir-se algumas grosserias e, ainda assim, continuará sendo idolatrado e servido com carinho e atenção. Todos querem saber o que se passa com ele, se interessam por seu estado de ânimo e estão dispostos a ajudá-lo no que for preciso. Muitos amigos o cercam e topam tudo; ele nunca está só. Também não precisa convidá-los, porque é convidado antes, mas precisa recusar muitas festas, por não encontrar tempo para todas.

> Eu imagino na fama ambientes legais, muitas festas, as festas mais badaladas, muita gente influente na roda de amizades, muita gente bonita, chique, muita gente à minha volta, badalação mesmo. (Eliana, 24 anos)

Admiram seu trabalho deslumbrante, sua beleza estonteante, seu estilo de vida, sua felicidade.

> Sendo famoso eu seria a pessoa que idealizei desde pequeno, desde quando eu me imaginei. Eu teria tudo e também o carinho das pessoas, teria toda a admiração. Eu seria uma pessoa bem-sucedida no que faz. (Renã, 18 anos)

Querem ser um pai, marido e filho como o famoso é com seus familiares. Querem fazer as mesmas coisas que ele, ter os mesmos objetos, ir aos mesmos lugares que ele frequenta, usar as mesmas roupas da moda; querem ser ele. Ele é famoso, e isso basta.

144 Fama

> Vendedora de loja eu não falo mesmo que sou; eu falo que sou modelo, mas vendedora não. Porque é mico, né? Não tem nada de *status*. Modelo tem um super *status*, tem luxo, as pessoas invejam. Eu gosto que as pessoas olhem pra mim e queiram ser como eu sou. Isso quer dizer que estou bem, que sou coisa boa, que consegui muita coisa. (Laura, 18 anos)

Seria muito bom se tudo isso fosse verdade, mas a própria constituição desse mundo ideal parece revelar que ele é feito de fantasia. A fama tão desejada aparece como uma fuga da realidade, que impõe aceitar as próprias limitações, traz consigo a representação do ápice ideal, o lugar aonde se quer chegar e onde se tem tudo o que se quer. Cada um dos participantes imagina-se famoso e com todas as "presenteações" agregadas à fama de forma idealizada e grandiosa. A imagem construída sobre a fama corresponde a uma vida em que nada falta, há um bem-estar pleno e uma felicidade constante, proporcionada pela ausência da falta e pelo amor incondicional advindo do outro. Tornar--se famoso é encarnar a imagem da perfeição e, por isso, ser amado, admirado e desejado pelos demais.

> Quando imagino a fama, para mim eu imagino as pessoas me reconhecendo. Fama é você chegar a um lugar e todo mundo te notar, eu indo aos lugares e as pessoas falando: 'A Laura, aquela modelo famosa, olha ela lá'. Um monte de pessoas me reconhecendo nas ruas, com muita valorização do meu trabalho, também muito dinheiro, porque isso rende e rende muito; ter muita fama faz surgir muito dinheiro. Você cobra milhões pra posar nua e cobra muito, muito só pra aparecer numa festinha. Todos querem sua presença, querem te ver... adoro que me olhem. Todas as pessoas que nem

QUERO SER FAMOSO **145**

conheço vão me olhar e me admirar. É um foco maior. Eu vou ser o ideal de todos, a própria imagem perfeita. Me imagino linda. Todos me amam, todos me querem. Nossa, seria muito bom! As pessoas iam falar: 'Nossa, como ela é magra, bonita. Nossa, como a Laura tá bonita nessa foto'. (Laura, 18 anos)

É importante pontuar que a referência ao dinheiro entrelaçado à fama, inevitavelmente, aparece no discurso dos participantes, entretanto, não como objetivo primordial, mas como uma forma de eles se mostrarem consolidados como pessoas de *status* e, com isso, ser objeto de admiração, ou como prova de quanto são especiais. Ganhar muito dinheiro evidencia-se como um aspecto constituinte da imagem ideal desejada.

Vê-se que não somente a idealização daquilo que a fama proporciona está presente no discurso dos participantes, mas também o desejo de se tornarem "perfeitos" (aos olhos dos outros e aos seus próprios olhos)[2]. Horney (1950a/1966) afirma que o desejo de atingir a perfeição é impulsionado por uma imagem autoidealizada.

Segundo Houaiss (2001), o conceito de *idealização* traz consigo um conteúdo fantasioso. *Idealização* define-se como "ato ou efeito de idealizar(-se); imaginar(-se) de maneira ideal; criar na imaginação; fantasiar, imaginar, idear". Já o termo *fantasia* é descrito como "coisa puramente ideal ou ficcional, sem ligação estreita e imediata com a realidade; situação imaginária em que o indivíduo se faz presente e que representa a realização de um desejo que, em última instância, é inconsciente". A fantasia é uma viagem

---

[2] Este assunto será brevemente abordado no item "O outro", p. 151.

146 FAMA

do imaginário, pura divagação que não objetiva realizar-se. Entretanto, a busca por um ideal fantasiado carrega uma obstinação em fazer com que as coisas aconteçam da forma que se fantasiou.

A instância ideal contida na fama permeia a idealização do próprio eu; associa-se a ela ser belo, talentoso, competente, sensual, interessante, bondoso, entre outros ideais de eu presentes na sociedade. Aquilo que os indivíduos entrevistados desejam ser corresponde, necessariamente, aos ideais socialmente valorizados; assim, a fama, uma vez conquistada, indica quão diferente e superior a pessoa é. Trata-se de uma comprovação de que se é perfeito e, por isso, consequentemente, exige a veneração dos demais.

É curioso o fato de todos os participantes declararem não ter ídolos. Alguns deles conseguem citar poucos nomes de pessoas conhecidas, das quais admiram não o todo, mas apenas uma pequena característica ou um feito isolado. Eles deixam claro, porém, que não querem se igualar a essas pessoas, mas sim ser superiores a elas. Não foi observado sinal de admiração por qualquer outra pessoa; de outro lado, há, com frequência, uma declaração de talento próprio e autoafirmação. Nessa forma de discurso, clarifica-se a ideia de que esses indivíduos necessitam ser reconhecidos, mas não conseguem reconhecer o outro.

> Como modelo, não tenho nenhum ídolo; como ator também não tenho nenhum em especial. Tenho aqueles que eu considero. Não sei, é muito difícil, porque eu não tenho... tem pessoas incríveis, mas que, pra mim, eu acho nada a ver. Tem pessoas que eu admiro muito o trabalho, são maravilhosas, como eu almejo trabalhar um

dia, mas nenhuma em que eu me espelhe, de querer ser igual a ela, porque eu acho que posso ser melhor. (Ana, 21 anos)

Como ídolo não tenho nenhum, apenas por seu trabalho fantástico [...] aquele que batalhou e conseguiu ser original, deixou sua marca e tem que ser merecedor. Todo mundo vai saber sempre quem ele é. Vai ecoar na eternidade. Eu quero ser original, único, o primeiro, o mais importante, aquela coisa de perpetuar meu nome. (Maurício, 24 anos)

Lipovetsky (1983/2005) explica esse fato afirmando que, com a lógica da aceleração dos ideais que configura a sociedade contemporânea, as figuras célebres que aparecem na mídia mostram-se em constante rotatividade. A obsolescência das estrelas de televisão faz com que percam a capacidade de tornar-se ídolos endeusados, e é por esse excesso de celebridades passageiras que se realiza a personalização do indivíduo. Há uma diminuição do investimento emocional e uma indiferença ao ídolo: "O tempo é menos a favor da devoção ao outro do que da realização e transformação de si mesmo" (Lipovetsky, 1983/2005, p. 54).

O indivíduo considerado neurótico, segundo Horney (1950a/1966), imagina coisas grandiosas a seu respeito, como ser o melhor em seu trabalho, ser excepcionalmente belo ou inteligente, encantador, bondoso, entre outras coisas. Deseja obter êxito nos diversos núcleos da vida, porém não sendo igual, mas superior aos demais. A meta é ser ímpar e excepcional. O prestígio conivente com a fama exibe um lugar de predileção único, que confere poder e superioridade. Aquele que obtém a fama obtém o lugar do melhor, daquele que conquistou a admiração de um público por distinguir-se da grande multidão.

Os participantes desta pesquisa acreditam que são talentosos e especiais e, por isso, merecem a fama, que traz a imagem ideal na qual eles se veem. É importante pontuar que tal imagem, contudo, faz referência ao ego ideal, e não ao ideal de ego, uma vez que não há idealização de um outro, mas sim do próprio eu. O que se imagina obter com a fama é a reinteração da imagem perfeita de si mesmo vivenciada no narcisismo primário infantil, fase em que a criança é amada incondicionalmente pela mãe e o olhar que ela dirige a seu bebê amado faz com que a criança tome seu próprio ego como objeto libidinal, permitindo a vivência da imagem perfeita de si mesmo. A imagem de si sentida como perfeita designa a formação do ego ideal.

O desejo de resgate do ego ideal e do amor irrestrito da mãe sentido no narcisismo infantil, descrito por Freud (1914/1974), está presente nos participantes da pesquisa. Conforme relatam os entrevistados, quando famosa, a pessoa passa a ser admirada por todos os seus atos, sem necessitar despender esforço para isso. Uma simples ação cotidiana desperta olhares de admiração. Ela é amada simplesmente por existir, e nada mais.

> Eu quero ser famosa, mas não sei como que eu quero, se eu nunca pensei em ser atriz. Mas eu quero aparecer na televisão. Tanto é que estou aí tentando entrar pro BBB. [...] Poderia ser qualquer coisa. É aquela história, qualquer coisa está valendo [...] mas o que eu quero é continuar na mídia. [...] O que me atrai em ser famosa é aquele *glamour* maravilhoso, porque é fora da realidade. [...] Todo mundo me adorando, atrás de mim. (Milena, 25 anos)

Com base nessas observações, é possível sugerir ainda que os participantes desta pesquisa entrelaçaram suas primeiras identificações não com figuras reais e próximas, mas idealizadas, instaurando, assim, um espelhamento e uma busca por rígidos ideais de perfeição. Evans & Wilson (1999), em concordância com Soifer (1992), afirmam que essa identificação por figuras irreais e fantasiosas gera uma personalidade frágil, que tende a buscar a concretização dos ideais. Essa identificação com modelos idealizados pode ser observada nas seguintes falas:

> Assistia à televisão, tinha vontade de me ver lá atuando. [...] Identificação... sabe quando a gente nasce pra aquilo? Eu via na televisão e falava: 'quero estar ali'. Qualquer coisa dessas eu queria ser, seja ator, cantor. O que eu queria era estar na televisão. (Renã, 18 anos)

> Quando eu era pequenininha, sonhava ser a Xuxa, ou Paquita da Xuxa. E quem não queria ser? Eu comprava bota, comprava roupa e ia pra escola de roupa de Paquita, de uniforme e de bota. Nunca fui atrás, só tinha aquela vontade. (Milena, 25 anos)

O OUTRO

Tornar-se famoso, desfrutar de deferências especiais, ter a atenção de todos. Nesse fascinante desejo de sobressair-se está contida a pergunta: a quem se quer sobressair? Obter a fama é ser especial, é ser diferente dos demais, é ser único, exclui qualquer possibilidade de ser igualado a um outro. Por isso, necessita-se que esses outros mantenham-se como plateia.

Eu gosto do foco, de as pessoas estarem olhando você, de estarem gostando do seu trabalho. Eu gosto de ver as pessoas falando de mim, me reconhecendo nos lugares. Apesar de eu ser tímida, sempre gostei de aparecer... no colégio mesmo eu sempre estava lá. Eu já me sentia a metida. Eu acho que gostava exatamente de as pessoas me verem, de valorizarem minha presença. Sempre quis ser modelo, porque queria que me vissem, me notassem. (Laura, 18 anos)

A comparação com os demais encontra-se implícita: não há lugar para alguém especial, alguém a ser idolatrado, se não há um outro que admita sua grandiosidade e se disponha a admirá-lo. E quem é esse ser tão especial que necessita ser admirado pelos demais? A questão remete ao conceito de narcisismo primário de Freud (1914/1974), ao reconhecer nesse indivíduo narcísico o desejo primitivo de ser o único objeto de desejo de um outro. Desse modo, torna-se incapaz de desligar-se de seu próprio eu e voltar-se para os demais, não consegue admirar ou ver qualidades em outro ser humano, somente preocupa-se em ser admirado. Deseja realizar seu ego ideal, processo em que só há lugar para um, em vez de visualizar um ideal de ego que aponte para o narcisismo secundário, em que se busca o investimento narcísico em equilíbrio com o investimento objetal.

Eu quero ser original, único, o primeiro, o mais importante, aquela coisa de perpetuar meu nome. Se você é só mais um entre muitos, não contribui pra nada na sociedade, não faz a diferença. Eu quero ser único; se eu quero superar alguma coisa, então tenho que trabalhar pra isso, tenho que trabalhar pra superar todo mundo. Pra eu fazer a diferença. Eu tenho que ser o melhor, eu tenho que ser o melhor, não tem porquê. Talvez até pras pessoas falarem que sou o melhor, talvez pra isso. Não sei, nunca parei pra pensar nisso, não, mas talvez até pras pessoas verem: 'É, realmente ele é muito bom, o Maurício é o melhor'. (Maurício, 24 anos)

Os indivíduos entrevistados, como visto anteriormente, não se sujeitam a admirar um outro; ao contrário disso, voltam-se para si mesmos em seu desejo de cativar o outro e fazer-se admirados, na busca de concretizar seu ego ideal. O outro, quando mencionado, restringe-se a um objeto de sustentação do lugar de quem anseia a fama e se imagina em seu ideal. Está lá para admirá-lo, amá-lo, reconhecê-lo em suas genialidades, deslumbrar-se com sua beleza, reafirmar o quanto o famoso é especial e dar valor a sua existência. Segundo Freud (1914/1974), o indivíduo que nutre investimentos narcísicos tem sua libido voltada para si mesmo e não consegue direcioná-la a qualquer outro ser. Aquele que apresenta um funcionamento narcisista deseja o amor do outro.

Eu tenho uma preocupação com o que os outros vão falar de mim. Eu quero que percebam minha competência, meu esforço, meu talento, minha beleza, que sou inteligente e eu me esforço pra isso. (Renã, 18 anos)

Mais que um simples admirador, o outro parece ter um papel imprescindível para o bem-estar daquele que deseja ganhar destaque. Aquilo que faz e investe em si mesmo é um meio de obter a satisfação de ser visto por um outro.

Minha avó juntava todas as amigas dela e mostrava pra elas as minhas fotos nas revistas; falava: 'Que bonita a minha neta'. Eu

152 FAMA

adorava isso. Agora não tem mais a minha avó pra fazer isso, pra mostrar minhas fotos, pra me elogiar. Sem isso, eu desisto. Se ninguém vê minhas fotos e ninguém me elogia, não tem por quê. Não quero mais. (Laura, 18 anos)

Com base em tudo isso, identifica-se uma grande preocupação com a imagem que se deseja passar ao outro, a fim de capturar seu olhar.

Meu *blog* é só pra inventar. Passo uma coisa muito 'estou curtindo, olhem como sou legal, sou tudo de bom. Fiz isso, fiz aquilo, saí com esse, saí com aquele, fui pra tal lugar muito bom'. Tem fotos minhas fantásticas. Porque eu sei que é isso que atrai as pessoas pra você hoje em dia. A propaganda é a alma do negócio. Estou no Orkut e inventei um monte de coisas; inventei coisas que gosto... gosto disso, gosto daquilo. Sempre gosto que as pessoas falem de mim. (Ana, 21 anos)

Entrei na faculdade porque preciso investir na minha inteligência. Agora estou tentando ser inteligente. Entrei na faculdade, estou estudando bastante e tal. No momento estou me dedicando a minha inteligência. Também cuido da beleza, me dedico a minha aparência. Eu me visto bem, só isso, tenho roupas legais. Fora isso, pretendo voltar a fazer uma musculação, uma natação, um esporte qualquer. Quero fazer tratamento pra crescer, mas acho que não vai ser muito fácil; vai precisar de hormônio, mas eu quero fazer sim. (Renã, 18 anos)

A relação com o outro, que se imagina como aquela entre admirador e admirado, parece ser permeada por um desejo profundo de tornar-se importante. Quando o indivíduo procura parecer interessante e especial aos olhos dos outros, também se sente especial a seus próprios olhos. O parecer converte-se em ser. O papel do outro expande-se de forma a ser um meio de acreditar em seu próprio valor. Horney (1950a/1966) chama a atenção para o papel do outro posto sobre o indivíduo. Pretende-se fazer parecer como se a particular perfeição tivesse sido conseguida; para isso, precisa se "fazer" aos olhos dos outros. É aquilo que os outros veem que causa preocupações, uma vez que é somente pela admiração de um outro que sua perfeição pode ser posta em dúvida ou afirmada. A aparência torna-se enganadora e superficial, por ser uma tentativa de encobrir o indesejável e desvalorizado em si mesmo[3]. Como afirma a autora, o indivíduo dependente do olhar do outro deixa transparecer sua necessidade de convencer-se a si mesmo de sua importância através do reconhecimento alheio. E, de outro lado, sem esse reconhecimento, não lhe é possível crer em seu próprio valor.

> Quando me elogiam, me sinto um balão. Nossa, você enche, você se acha poderosa, tem autoestima maior. E, quando você não tem isso aí, seu balão vai esvaziando; aí não te elogiam de novo, então esvazia mais, até que você não vai ter mais, vai estar murchinho, murchinho. Pra mim isso é muito ruim. Pra mim é importante.

---

[3] Winnicott denominou de *falso self* um meio de se relacionar com o mundo externo como uma forma de defesa a uma possível desestruturação do *verdadeiro self,* o qual não foi devidamente desenvolvido e, por isso, se encontra num estágio de maior fragilidade. Caracteriza-se por um alto grau de exigências internas e uma superadaptação às demandas do ideal. O autor faz a ressalva de que há um aspecto submisso do *verdadeiro self* no viver normal, a fim de não se expor. Esse aspecto submisso diz respeito às boas maneiras sociais, algo que é adaptável. Porém, quando necessário, o *verdadeiro self* é capaz de se sobrepor a essa submissão. De outro lado, a submissão ao meio ambiente é facilmente encontrada nos casos em que o *falso self* predomina.

154 FAMA

Preciso que continuem falando pra que eu continue acreditando. Se não me elogiam, já era, me sinto um lixo. (Ana, 21 anos)

Essa busca de si em um outro, utilizado como espelho, é encontrada de forma extremada (embora não assumida) na fala dos participantes, não apenas como um meio de sentir--se valorizado, mas de sentir-se e provar(-se) superior.

"O *status* é o que chama mais. Ter uma vida fácil com dinheiro fácil é claro que é bom, mas o *status* chama mais. *Status* é ter uma posição superior, me achar superior... é justamente isso, me sentir superior. Não sei se é essa a palavra, achar que sou melhor do que os outros. Isso não, mas não pelo lado de achar que sou melhor. Talvez seja pelos outros acharem, justamente". (Milena, 25 anos)

Outro aspecto de interesse no discurso dos participantes é a amplitude desse outro cuja admiração eles buscam. Os entrevistados referem-se a seus pais, familiares e amigos quando dizem que querem ser reconhecidos e admirados, mas parece que a admiração dessas pessoas não lhes basta. Parece que o grupo familiar, que deveria ser gerador de relações íntimas, não é mais suficiente para sustentar o indivíduo, que agora busca apoio para si através de sua exposição pública. O desejo de diferenciar-se da massa parece ser algo em comum entre os homens na atualidade. Segundo Berry (1987/1991):

Ser transportado pela multidão, levado, sacudido, o coração batendo entre outros mil corações, tambor insonoro dessa massa em exaltação? Mudar o pensamento, tomar a cor do oceano humano como os seixos imóveis com cores que refletem nas águas? Sumir na massa? Deixar penetrar na pele o odor das plantas, deixar entrar a beleza das nuvens em seus olhos, ser o mundo? [...] Ou, ao contrário, trabalhar desde a infância para se sobressair? (p. 99-100)

Conforme expressam os participantes dessa pesquisa, há sempre o desejo de atingir um número de pessoas praticamente ilimitado, e o aplauso das pessoas mais próximas é visto somente como o começo de uma fama muito mais grandiosa.

Começou na escola, as pessoas falando, a família. Fiz trabalho no Rio de Janeiro e me viram lá, e aí começaram na rua: 'Aí, você... te vi'. Eu falava: 'Que legal! Agora sou a famosa da escola'. Daí, você vai querendo conquistar outros espaços, vai querendo que mais pessoas te conheçam. [...] No Brasil inteiro pra começar, só o início. O auge não tem, pra mim não tem... quero mais e mais e mais, e se tem mais eu vou. Se puder ser no mundo inteiro, ótimo, fora do mundo inteiro, não tem, sabe, um teto. Não tem limite. (Ana, 21 anos)

Essa necessidade de expansão é evidenciada também pelo sentimento de fracasso por ainda não ter alcançado fama maior ou por imaginar nunca alcançá-la. Nesse caso, todos os esforços e desejos parecem ter resultado em nada, e os próprios aspirantes à fama dizem que se veriam como "um nada, um ninguém" se não chegassem ao ápice da fama, com todo o público correspondente.

Parece que você não tem nada ainda e, quando você atinge a fama, você atingiu alguma coisa; até então não é nada. (Adriana, 25 anos)

Sem reconhecimento, é frustrante... muito. E eu odeio lidar com frustrações, não gosto. Eu, quando frustrada, sou a pior

156 FAMA

pessoa do mundo. Com um tombo grande, o grau de depressão aumenta. [...] Não está bom como está, é pouco. Eu quero muito mais; ainda não é suficiente pra mim... não mesmo. Eu estou satisfeita com meu trabalho, mas é insuficiente ainda, e sei que estou no caminho. (Ana, 21 anos)

O OLHAR DO OUTRO

O olhar do outro, utilizado como forma de reafirmar a imagem de seu próprio eu, prende o indivíduo na constante necessidade de buscá-lo. Fazer-se visto é satisfação, é sentir-se belo, amado, respeitado; é sentir sua importância, é sentir-se vivo. Todo esse poder agregado ao outro cria uma relação de dependência. O indivíduo só existe se existe aos olhos dos outros.

Tem que aparecer nas festas pra fulano me ver. Você precisa aparecer de uma maneira ou de outra, se colocar em evidência, senão você não existe. Tem que sempre estar nos lugares. Se você não é visto, não é notado. Se as pessoas não te conhecem e não te veem nos lugares, elas não vão se lembrar de você. (Laura, 18 anos)

Em uma sociedade em que a aparência é o que rege e estabelece os diversos papéis sociais, a visibilidade torna-se crucial. Debord (1967/1997) explicita que, na cultura das aparências, o exibicionismo apresenta-se como o modo de existência; o ser visto no espaço social é o que permite ao indivíduo sentir-se existir e dar significado a essa existência. Quando todos lutam para serem vistos por um número cada vez maior de pessoas, a possibilidade de não ser visto mostra-se demasiadamente angustiante. O homem contemporâneo traz um desejo de ser visto e reconhecido pelos outros para garantir sua existência no mundo. De acordo com Berry (1987/1991):

> A angústia mais fundamental é a de não existir para alguém, de ser tratado como um objeto inanimado, um móvel da sala de visitas, uma boneca de exposição, um pacote depositado. (p. 189)

Para todos os indivíduos entrevistados, é inaceitável a possibilidade de não ser notado. Não ter todas as atenções em uma festa, não ser elogiado ou não demonstrarem interesse por sua vida é algo impensável. Em seu dia a dia a necessidade de mostrar-se também se faz presente, seja no grupo de amigos, seja com desconhecidos, nas atividades cotidianas estima-se sempre ser reconhecido como alguém diferente e especial por um outro. Ser o mais bonito, o mais talentoso, o mais legal entre os amigos é sempre descrito como algo fortemente desejado e buscado. Evidencia-se que o desejo último de todos os indivíduos entrevistados é conquistar a fama na televisão, meio de comunicação que produz a maior visibilidade possível atualmente. Para Berry (1987/1991), essa insistência em se fazer visto é uma forma de abrandar a angústia de não se sentir existir.

> Sempre vou à padaria com rímel, nunca sei quem vou encontrar lá... um bluchezinho, pra comprar pão e leite; tenho que ir arrumada. Deve ser péssimo não ser notada, mas acho que não acontece comigo. Eu não costumo, mas às vezes saio de casa com pressa e saio com o cabelo desarrumado. Acontece. Mas sempre vai ter alguém pra me notar, nem que seja pra notar que estou maquiada, linda e com o cabelo desarrumado. (Laura, 18 anos)

158 Fama

Você sempre quer que as pessoas te reconheçam por você ser a melhor amiga, a mais legal, a mais inteligente. Com certeza eu quero isso, ser a mais simpática. É a imagem que eu gostaria de passar, com certeza. Acho que eu já faço alguma coisa pra isso de alguma forma... as pessoas que estão perto de mim, eu tenho isso, de mostrar ser a melhor, a mais inteligente, a mais divertida. Gosto de aparecer mesmo. Sempre na roda de amigos eu sempre sou a que gosta de aparecer mais. Eu sempre sou a que fala mais, a que fala mais besteira, a que ri mais, aquela que diverte todo mundo, sempre tá rindo, brincando, gosto de prender a atenção. (Milena, 25 anos)

Seguramente, é possível afirmar que, para esses indivíduos, ser visto é a grande finalidade. Todos desejam a fama para serem notados em seu suposto talento e confirmar a todos e a si mesmos o quanto a merecem por serem especiais. Requerem que o reconhecimento seja explicitado com frequência, e não apenas profissionalmente, mas em todos os aspectos de suas vidas. A fama é um modo de realizar o desejo de ser visto, de se fazer existir aos olhos dos outros. No trecho a seguir pode-se perceber claramente a prevalência do desejo de ser notado.

Não ser visto é falta de respeito com meu trabalho. Eu gosto que as pessoas venham pra me ver. É importante em todo lugar que toco, ter aqueles fãs que vão lá só pra me ouvir tocar. Se não tiver isso, eu não toco. Eu nunca tocaria numa churrascaria, por exemplo, que só é música ambiente, ou seja, ninguém presta atenção em quem está tocando e em que estão tocando. É horrível, falta de respeito. Eu quero que tenha gente querendo me ver tocar, senão meu trabalho não serve pra nada. (Maurício, 24 anos)

Por ser tão desejado, o olhar do outro, quando não obtido, traz grande sofrimento ao indivíduo. Ser visto traz a glória e, no extremo oposto, sem o outro que lhe admira, surge o sentimento de nada ser (Berry, 1987/1991). O esforço dos participantes em se fazer notar visa aplacar o sofrido sentimento de não ser percebido em seu valor. Os entrevistados relatam grande preocupação em se fazer notar, seja pelo seu modo de ser, de vestir-se, por sua beleza, capacidade, inteligência, seja por qualquer outra coisa que corresponda a um ideal cultural.

> Faço coisas pra chamar a atenção, gosto de chamar a atenção. Gosto de andar com pessoas que chamem atenção. Eu gosto de usar roupas não muito discretas. Procuro ter um visual que chame a atenção, porque eu necessito, como eu te falei, não ser igual, e não sendo igual você chama a atenção. (Renã, 18)

Esses indivíduos tanto desejam quanto esperam ser notados, e, quando não o são, relatam tais experiências com muito sofrimento, além de um profundo autodesvalor.

> Eu fiquei lá no camarim, num canto, me sentindo o lixo do lixo. Enfim, todos os repórteres olhavam pra elas, iam até elas. Ninguém sabia quem eu era e o que eu estava fazendo ali, e até perguntavam: 'O que você está fazendo aí?'. E eu só chorava. Esqueceram de mim e focalizaram as outras todas; me senti um lixo. Estavam me ignorando, me atropelando; as pessoas não me acharam importante. Eu me senti muito inferior, não capaz, não bonita o suficiente. Estavam todos contra mim. (Laura, 18 anos)

A autodesvalorização, contudo, não desestrutura o desejo de ser admirado, mas faz com que permaneça com maior gana,

160 FAMA

como se a ideia de parecer inferior a um outro fosse insuportável. Assim, o indivíduo continua a empenhar-se em conquistar o lugar único e ideal, mesmo que com muito sofrimento. Horney (1950a/1966) refere-se a isso ao falar sobre a tirania do dever, ou seja, as exigências autoimpostas devem ser cumpridas a fim de se obter admiração e, assim, evitar o sentimento de desvalor.

> Outro guitarrista se apresentou melhor que eu. É péssimo, porque eu me esforcei pra ser o melhor e não consegui, e me sinto inferior por isso. Daí eu planejo tudo o que tenho que fazer, me dedicar, o que tenho que estudar mais pra superar e ser o melhor. Quero ser único, exclusivo; por isso trabalho pra superar todo mundo. Tenho que ser o melhor e quero que falem que sou o melhor. (Maurício, 24 anos)

Os ideais fantasiosos nos quais os indivíduos se espelham não somente estabelecem obrigações quanto àquilo que se deve fazer, como também apresentam um constante conteúdo de insatisfação. Há sempre mais e mais deveres que prometem aquilo que se idealiza e que, porém, nunca é apreendido. Nesse sentido, a idealização mostra-se perigosa quando não se medem esforços para trazê-la à realidade. Os indivíduos prosseguirão com seus deveres, empenhados na consecução de suas metas, a caminho de transformar-se na imagem que idealizam. Desse modo, as rígidas exigências do superego estão estreitamente relacionadas à busca da fama.

SER TUDO × NÃO SER NADA

A fama e toda sua glória, seu *glamour* e seu encantamento parecem conceder aos participantes da pesquisa o poder de ser tudo o que sempre desejaram. Tudo se pode fazer e se pode ter; não há limites que ponham fim a essa imagem idealizada que cerca a fama. Contudo, não obtê-la representa nada ter, nada poder e nada ser. Os dois extremos – tudo ou nada – encontram-se em paralelo, apresentando-se em diversos aspectos no pensamento dos indivíduos entrevistados, como descritos nos subitens a seguir:

FAMA E ANONIMATO

Quando discursam sobre o que é ser famoso, os participantes descrevem um mundo perfeito, onde são amados por todos, são donos de admirável beleza e invejados. Estão sempre rodeados de muitos amigos, de muita gente interessada em suas vidas, de familiares orgulhosos por eles terem alcançado a fama e serem alguém na vida. Creem que somente com a entrada na fama recebe-se a comprovação de seu talento, que só o reconhecimento de um grande número de pessoas dá vida e significado a tudo aquilo que cada um dos entrevistados deseja ser.

> Sendo famoso eu seria uma pessoa bem-sucedida no que faz, uma pessoa que deu certo no que se propôs a fazer. E teria o reconhecimento, que é muito importante; é o ápice, é a prova de que não foi em vão; é o retorno de tudo. Seria o fruto do que eu plantei. (Renã, 18 anos)

Ser conhecido pelo que se faz ou pelo que se é, despertar o interesse das pessoas e ser o "assunto" são tomados como comprovações de sua importância. Aquele que é "falado" é aquele que é aplaudido, admirado, tem mérito por ser o que é.

162 FAMA

> Eu gosto que falem de mim, que se interessem por mim, em saber o que eu faço, o que eu gosto, é a forma de você saber que te acham importante, que você é especial. Sabe, falem o que for, mas falem de mim. (Adriana, 25 anos)

Como afirma Sennett (1974/1998), a intimidade é aberta ao público e, quanto mais exposta a vida íntima, maior é o sentimento de ser importante concedido pela rede social. A intimidade posta ao público é o modo de se adquirir um lugar de valor na sociedade.

> As pessoas me buscariam, teriam interesse em mim, tudo de bom. Eu ia gostar de falar da minha vida, as pessoas estariam curiosas pra saber disso. É exatamente consequência da fama. As pessoas querem saber de gente que faz acontecer; se querem saber de mim é porque sou boa. (Laura, 18 anos)

Ser alguém e conseguir alguma coisa na vida está associado a conseguir a fama, uma vez que nada se é se ninguém reconhece o que se é. Obter tal reconhecimento é sinônimo de ser uma pessoa de sucesso, que se destacou das demais por conseguir êxito em sua vida. Somente quem realmente é bom e talentoso, seja no que for, se coloca acima da multidão e merece ser alguém. Para Debord (1967/1997), na sociedade atual, é a aparência que o indivíduo exibe que lhe dá valor perante os outros, e só aquele que aparece é valorizado; assim, cultiva-se o parecer na busca de aparecer. Desse modo, pontua-se a necessidade desses indivíduos de se fazer diferentes da massa na busca de ser alguém.

> Todo mundo que é bom em alguma coisa é conhecido. Quem é realmente bom, tem seu pé fora do país. [...] Não gosto de anonimato;

eu gosto de chegar num lugar e as pessoas saberem que eu cheguei. Eu gosto de ser reconhecido, de estar na rua e alguém vir falar comigo. (Maurício, 24 anos)

Vê-se que, assim como no caso da idealização da fama, o incômodo por ser anônimo também está presente no discurso dos participantes. Se, de um lado, a fama concede ser uma pessoa importante e de valor, de outro, ser anônimo é ser apenas mais um na multidão, um igual a todos os outros seres humanos, com seus problemas, defeitos, limitações e incapacidades. E aceitar ser igual, ou seja, reconhecer que não se é especial, traz grande desconforto.

Você descobre que, numa vida normal, você não serve pra nada. Eu, por exemplo, não quero nada numa vida normal, não me interesso por nada, então vou correr atrás disso. Eu quero ganhar dinheiro, quero a fama; se eu tenho que ser alguém, vou ser famosa. Então, vou tentar por meio disso, que é o que eu quero. Não quero ser médica, não quero ser advogada, nem nada. Tem que ser mais que isso, ser diferente. (Ana, 21 anos)

É possível sugerir que esses indivíduos se lançam em uma busca permanente por se mostrarem diferentes e especiais, devido a um medo profundo de conviver com suas limitações humanas e com a aceitação de suas impossibilidades. Nas palavras de Ana, ser "normal", ser um anônimo, é desprezível e inaceitável, coincide com não ser nada, simplesmente pelo fato de não ser especial. Paralelamente, como discorre Horney (1950a/1966) em sua teoria, para esses indivíduos conviver com o eu real parece trazer sofrimento por simples comparação com seu ego idealizado; por isso, eles buscam se impor com superioridade.

164 FAMA

Segundo a autora, o desprezo sentido por si mesmo conduz o indivíduo à negação da realidade de seu eu e à eleição de seu ego idealizado como objeto a ser alcançado. A não aceitação de si, além de ser o resultado da comparação com um ego idealizado, é também a base impulsora da própria autoidealização. Horney afirma que a condenação das próprias imperfeições exige a construção de um modelo idealizado com o qual o indivíduo possa se identificar e buscar ser aquilo que lhe agrada, esquivando-se e renegando o que fora até então.

EXISTÊNCIA E NÃO EXISTÊNCIA

Conforme enunciado por Debord (1967/1997), a exposição da aparência passa a fazer parte do modo de vida contemporâneo. Há, na sociedade atual, uma ânsia em adquirir cada vez mais produtos e usufruir tudo o que lhe é oferecido como investimentos no eu, para poder no mínimo adquirir·uma aparência que faça o indivíduo ser visto e permanecer "existente" diante dos demais. Em concordância, Berry (1987/1991) afirma que as pessoas que não se sentem existir buscam no parecer a segurança de sua existência. O parecer torna-se estreitamente ligado à existência do indivíduo contemporâneo.

Evidencia-se que, para os participantes dessa pesquisa, a palavra *existir* contém um significado ampliado, correspondente ao maior grau de visibilidade que se pode adquirir. Sentir-se existir ou não existir são também qualificações estreitamente relacionadas com ser ou não ser famoso, ter ou não ter o que os famosos têm, e recebem o peso de seus extremos. Ser "normal", ter uma profissão de sucesso, uma pequena fama somente entre os mais próximos ou na cidade onde se vive é percebido como não ser nada. Ser tudo só é imaginado no ápice da fama, ponto em que não há mais aonde chegar.

A visibilidade conseguida é a medida de sua existência e de sua importância (Berry, 1987/1991). Se não há admiradores, não há fama e não há como sentir-se alguém importante e que faça a diferença. Ver é dar existência; o público precisa ver, pois, só assim, aquele que é visto sente não apenas que é especial, mas sente-se existir.

> Você precisa mostrar para os outros que você existe, tem que ser diferente, ser notada, chamar a atenção para que te vejam. (Laura, 18 anos)

As falas dos participantes denotam sentimentos profundos de desvalor, de modo a sentir-se sem existência caso não sejam "devidamente" percebidos pelos outros. Sem a tão sonhada fama, que captura o olhar de interesse das demais pessoas, perde-se o sentido do que é existir.

> Você tem que estar sempre querendo mais, sempre correndo atrás de mais, porque, no momento em que está estável, você tem que se fortalecer. Então, o que você puder tem que estar fazendo pra você não desaparecer. (Ana, 21 anos)

> Eu me sentiria péssima se fosse só isso. No fim parece um nada, quer dizer que você não chegou lá, que lutou e não conseguiu o que queria, não saiu do lugar. (Laura, 18 anos)

Novamente, parece que o medo de permanecer no anonimato e sentir-se não existir prevalecer e impulsiona a

166 FAMA

busca por formas de se fazer visto e valorizado por meio da fama. Não há somente a busca de sucesso e fama, mas sim de um abafamento do sentimento de vazio de nada ser.

É interessante perceber como o paralelismo entre ser visto e existir surge de um sentimento primeiro de, até então, não existir. Pergunta-se: por que esse sentimento está presente? Inevitavelmente, isso leva a pensar em um sentimento de desvalor. Não é possível esclarecer as razões individuais pelas quais há a presença desse sentimento, uma vez que elas não foram investigadas nesta pesquisa. Entretanto, alguns aspectos relacionados à cultura em que vivem esses indivíduos podem ser apontados como fator de influência para o desenvolvimento de tais sentimentos.

A sociedade expandida descrita por Sennett (1974/1998), em que prevalece a grande massa humana, pressupõe uma falta de individualidades, uma vez que estas se desfazem na multidão. E, de outro lado, essa mesma sociedade capitalista vangloria e estimula o individualismo. As formas de se fazer um ser individual e único, de investir em sua particularidade e, ao mesmo tempo, de fazer emergir um sujeito que se diferencia da massa de iguais concedem o sentimento de existência, antes desfacelado na massa, conforme foi encontrado no discurso dos participantes desta pesquisa.

O que se cultua hoje não é mais somente a moral e as virtudes, mas sim a personificação e o sucesso individual. A dignidade do indivíduo está diretamente ligada a suas conquistas pessoais e à imagem diferenciada que ele expõe. O sucesso, ou a imagem de sucesso, passa a ser um modo de construção de seu eu. Há uma busca pela individualização e pela promessa de felicidade e bem-estar que ela proporciona (Costa, 1994). Segundo o autor, em *A ética e o espelho da cultura*:

> [...] o sucesso é praticamente o único modelo de individualização deixado aos indivíduos. Modelo que reafirma a importância da posse de objetos de consumo como espelho identificatório. Eu sou aquilo que possuo, e, quanto mais possuo, em qualidade e quantidade, mais sou bem-sucedido. (p. 47)

O furor em distinguir-se da massa permite que as pessoas evidenciem-se em suas ilusões de sentido, acreditando por instantes em suas existências, abrandando assim o sentimento de nada ser. Há uma luta contra o vazio existencial de pertencer à massa[4].

Para serem vistos e sentir-se existir, os sujeitos entrevistados buscam fazer a diferença, posto que, na sociedade atual, somente é possível ser notado aquele que se destaca e se faz diferente da massa. Ser visto é ser diferente, e ser diferente é sentir-se existir. Enfatizo, com a devida importância, que há uma proeminente ânsia em fazer-se diferente em todos os sujeitos aqui entrevistados.

---

[4] De acordo com Kuspit (1993), crítico de arte e do pós-modernismo, o artista plástico Andy Warhol, autor da célebre frase: "In the future everybody will be world famous for 15 minutes" ["No futuro, todo mundo será mundialmente famoso por 15 minutos"], espelha as patologias narcísicas pós-modernas que a arte pode representar; suas obras de arte sustentam uma dialética entre não ser ninguém e ser uma superestrela. Kuspit, utilizando-se de ideias psicanalíticas, afirma que Warhol teve sua própria vida direcionada à fama, emaranhando-se em seus anseios narcísicos. Warhol procurou viver da forma como os outros o viam, a fim de sustentar sua imagem ideal perante os outros, pois, nas imagens, ele encontrava sua identidade, o que supõe, segundo Kuspit, um sentimento de identidade instável. Fama, para Warhol, era aparência, e essa aparência teatral lhe permitia fugir do contato consigo mesmo, que o leva à autocrítica e aponta suas imperfeições, e do real desprovido de sentido que lhe diz que não é nada.

168 Fama

> Se eu não sair desse lugar, vou me sentir uma pessoa normal, medíocre, talvez insatisfeita... eu seria uma pessoa desgostosa da vida. (Ana, 21 anos)

> Eu não estou em cima do palco pra ficar escondido, eu não gosto de ficar escondido, eu tenho que aparecer. [...] Gosto de ser visto, de fazer a diferença, me sinto importante. Os normais não têm público, e eu não quero isso. (Maurício, 24 anos)

Existir aos olhos dos outros e ser visto como diferente e especial não é apenas desejado, mas também buscado assiduamente. Os sujeitos investem em adquirir destaque e mostrar-se, investem em "parecer" para "aparecer". Apresentam uma constante preocupação em parecer belo e, por isso, com frequência, cuidam da alimentação, da pele, do cabelo, do corpo e das roupas que vestem. Preocupam-se também em aparentar ser pessoas inteligentes, felizes, com muitos amigos, divertidas, interessantes e queridas pelos demais. Nas palavras de Debord (1967/1997), aquilo que se aparenta ser é o que delimita o lugar social ocupado; dessa forma, a aparência passa a ser seriamente investida. Em alguns relatos, os participantes expressam ter consciência de que fazem certas coisas com a intenção única de parecer interessante aos outros e obter sua admiração.

> Eu tento ser carismático, tratar bem os fãs, porque é seu nome que está em jogo. Sou uma pessoa que não passa por cima dos outros. Cultivo um *marketing* pessoal... mas, se você é bom, não precisa falar ou se esforçar pra mostrar; os outros vão reconhecer. (Maurício, 24 anos)

Querem, sim, parecer. Contudo, como já foi dito anteriormente, os participantes se veem como especiais e talentosos, realmente acreditam que são bonitos, inteligentes e interessantes. Desse modo, o parecer, para esses indivíduos, simplesmente faz jus àquilo que eles creem ser. Contudo, mostra-se evidente que expressam uma grande necessidade de reconhecimento e prestam seus devidos esforços para serem vistos e reconhecidos nas qualidades que acreditam ter. Por mais que afirmem o quanto são especiais, precisam mostrar que o são, ou então sentirão que não são nada, que não existem.

Uma vez que os entrevistados buscam a visibilidade como forma de sentir existir, também buscam sentir-se donos de uma identidade. Tanto o sentimento de existência quanto o de identidade estão relacionados com o ser visto. O olhar do outro transmite a continuidade do eu provida pelo de existência, ao mesmo tempo que faz com que sejam reconhecidos em suas particularidades, o que diz respeito à identidade. Evidencia-se que, para esses indivíduos, o olhar do outro torna-se essencial para a sustentação de seus sentimentos de existência e identidade.

FRACASSO E SUCESSO

Uma pessoa de sucesso é definida pelos participantes como alguém que planejou sua vida e conseguiu tudo o que queria; é a pessoa que "chegou lá", que é famosa e merece estar onde está porque é talentosa e é muito boa naquilo que se propôs a fazer. É aquela pessoa que tem o reconhecimento dos outros por seu talento, que é tanto admirada quanto invejada.

170 Fama

Em contraposição, o fracassado é descrito pelos participantes como aquele que não consegue nada, não chegou a lugar algum, não tem talento para conseguir o que quer. É aquele que tenta, tenta e não consegue, porque não tem mérito.

> Se você tentou a vida toda alguma coisa que não deu certo, é uma pessoa que lutou muito a vida toda por uma coisa e, no final, não tem nada, não produziu nada; isso é um fracassado. (Renã, 18 anos)

> Ela vai olhar pra si mesma e pensar: 'Puxa! Estou aqui e deixei passar aquela oportunidade, não fiz nada e ainda não consegui chegar a lugar algum'. Vai ver que não consegue porque não tem mérito, não tem talento de conseguir o que ela quer. (Eliana, 24 anos)

Assim são apresentadas as definições de *sucesso* e *fracasso*, sendo esses outros dois opostos aqueles que frequentemente aparecem como extremos no discurso dos participantes. Aquilo que é sucesso delimita-se à fama, e o todo fora da fama encontra-se na amplitude do fracasso. Vislumbra-se a fama como a única forma de concretização do sucesso, e toda e qualquer outra forma de realização profissional, inclusive na carreira de modelo, ator ou cantor, é sentida como fracasso. Segundo Horney (1950b/1966, p. 78): "Qualquer fracasso pode trazer à tona toda a insegurança subjacente".

> Só ser requisitado pra trabalhos como modelo, ter uma boa carreira, cheia de trabalho, não é suficiente; tem que conquistar o mundo todo. (Renã, 18 anos)

Não ter a fama seria o caos. Nem imagino isso. Sei que um dia vou conseguir estar lá. Seria como não ter nada, não ser nada, seria um total fracasso, um ninguém, aquele que ninguém sabe quem é, o que fez, não tem importância. Tudo o que eu não quero (Adriana, 25 anos)

Essa percepção extremada mostra a presença de idealizações, conforme descrito por Horney (1950a/1966), uma vez que nada mais é aceitável ou ao menos visto como agradável, se não aquilo que se idealiza. Conforme o funcionamento do processo de idealização, o sentimento de desagrado acompanha o sujeito cada vez que, inevitavelmente, percebe-se sem aquilo que idealizou, fazendo com que a frustração esteja presente em cada passo adiante em sua carreira, por parecer pequeno quando comparado a seu ideal. As grandiosas expectativas, necessariamente, trazem também grande sensibilidade às críticas e frustrações. Mesmo o sucesso pode ser sentido como insuficiente ou frustrante, quando comparado aos ideais mirabolantes.

O desenvolvimento de um ideal rígido, segundo Horney (1937/1977), faz com que o indivíduo assuma extrema responsabilidade sobre si, atribuindo a si mesmo a culpa por seu sucesso ou fracasso. Encara a fraqueza não como uma ameaça, mas como uma desgraça; além do mais, aquilo que considera fraqueza é vasto e exagerado – em outras palavras, tudo aquilo que não encaixa em sua idealização é sentido como fracasso. Em determinado momento em que sente não ter sido suficientemente forte para ser o que desejava, por meio de controle consciente, defronta-se com sua fraqueza e insucesso. Horney (1950a/1966) diz:

172   FAMA

Um desejo ou necessidade perfeitamente compreensível transforma-se numa exigência, e a sua não satisfação é, então, sentida como uma frustração injusta, uma ofensa, capaz de nos pôr, justamente, indignados. (p. 46)

Seus esforços apresentam muitas ambições, porém, o resultado seguro é a frustração e o desapontamento inevitáveis, uma vez que se vislumbra uma imagem idealizada, irreal, a qual jamais poderá ser incorporada. Existirão sempre limitações às quais o ser humano estará sujeito. Assim, a tentativa de personificar a perfeição está condenada ao sentimento de fracasso. A fama, com seu conteúdo idealizado, não pode ser vivida em sua plenitude. O indivíduo tem apenas vestígios dela, momentos em que se satisfaz e crê que é especial, diferente, excepcional e, por isso, merece a admiração de um público tão grandioso. Aquele que é famoso, ainda assim, se deparará com limitações corporais, intelectuais e estéticas e será sempre ameaçado de destituir-se de sua imagem ideal por outro indivíduo que possa vir a assumir o lugar de predileção diante do público.

Os entrevistados, no entanto, não se veem como fracassados; ao contrário disso, acreditam veementemente em seus talentos e que, por isso, terão a fama de maneira merecida. Creem que ainda são jovens e estão à caminho da fama.

Teus colegas te reconhecerem já é alguma coisa… me satisfaz, mas não dá, não é suficiente pra mim. Mostra que você está subindo na carreira, que está caminhando. [...] Hoje mesmo, poxa, já tem seis anos… seis anos é muita coisa pra carreira de modelo. Tudo tem que ser muito rápido, e, quando não acontece, você vai tentando, tentando e aquilo não vai acontecendo, é muito ruim. [...]

Ainda vou conseguir, ainda estou lutando, estou correndo atrás. (Laura, 18 anos)

Eu não ser reconhecida, não ser famosa no fim da vida ficaria muito frustrada. Seria um fracasso tentar e não sair do lugar, mas hoje eu ainda não desisti. Estou lutando, por isso, não é fracasso; ainda vou conseguir o que quero. Não tenho na cabeça que vou parar; mesmo que não conquiste a fama agora, sempre continuo tentando. (Ana, 21 anos)

Ser fracassado é você tentar uma coisa a vida toda e não conseguir. Se você não conseguiu chegar lá e tal eu não acho que... se você tentou, se você lutou e se esforçou bastante, eu não acho que... é, é um fracasso. É porque essa palavra é forte, assim: 'Eu sou um fracassado, você é um fracassado', mas assim, ao pé da letra, realmente é. (Renã, 18 anos)

Como uma forma de negar o sentimento de fracasso pelo fato de quererem, mas não serem famosos, este é sempre visto pelos entrevistados como um processo, com a certeza de chegar à fama ao final. O convívio com o fato de não serem famosos é possível somente por essa crença de que a fama um dia virá.

Eu estou lutando, mas ainda vou conseguir. Não me acho fracassado, porque ainda não cheguei lá onde quero, porque sei que vou chegar. (Maurício, 24 anos)

Horney (1950a/1966) afirma que a dificuldade em assumir seu fracasso e reconhecer suas limitações muitas vezes levam o indivíduo a negar suas fraquezas, atribuindo culpa a fatores externos e às pessoas com as quais se relaciona.

174 FAMA

Por exemplo, quando não se revela um marido perfeito, faz acusações à própria esposa, libertando-se da responsabilidade e do sofrimento de não ter cumprido com seu ideal de marido. A única maneira que encontra de acalmar suas inquietações é elaborando novas noções grandiosas a seu respeito, assim: "[...] desenvolve uma desconcertante capacidade de transformar limitações e fracassos em qualquer coisa gloriosa" (Horney, 1950b/1966, p. 79).

Não ter a fama, uma vez visto como não ser nada, leva os sujeitos a buscarem por ela a qualquer custo, almejando desfazer-se do desagradável e recorrente sentimento de ser um fracassado, um ninguém. Para Theodoro (2004), o medo do fracasso encontra-se camuflado na determinação em ser "alguém" na vida. Um senso de fracasso profundo acompanha o indivíduo que almeja realizar seus ideais. A bipolaridade vencedor *versus* perdedor é acentuada. Só há lugar para o excepcional, o fabuloso; tudo o que não ocupa esse lugar é sentido como fracasso para o indivíduo.

> Se ficar só como estou hoje, me sentiria um fracassado porque não é isso que eu quero, quero ser reconhecido e isso só com a fama. Sem fama sou fracassado, porque é ela que diz se você conseguiu alguma coisa ou não, se é bom ou não...Vou trabalhar para ter tudo isso. Eu quero a fama, e todo bom trabalho é reconhecido... eu quero o reconhecimento nessa área, porque sou bom mesmo. (Maurício, 24 anos)

Em todas as formas aqui apresentadas, em que os participantes expressam o desejo de conquistar a idealizada fama como a única forma de realizar-se, ou seja, de tudo ser, poder e ter, de ser alguém de sucesso e, em última instância, de existir, há um desprezo e, principalmente, um sofrimento por qualquer outra forma não absoluta de realização. Sugere-se que buscam o tudo pelo medo de não serem nada e esse medo permanente traz sofrimento para os sujeitos.

Se o mundo não me reconhece é como se eu não fosse nada, é o reconhecimento que te diz que você é alguma coisa. (Ana, 21 anos)

SE "FAZER" POR SI MESMO

A ideologia de que todos podem vencer na vida e ser o que desejam atribui a responsabilidade pelo sucesso ao esforço e à capacidade do próprio indivíduo. Cada qual deve obter conquistas por sua luta pessoal, deve aplicar esforços para ser alguém na vida, adquirir respeito, reputação e posses. O poder de escolha daquilo que se deseja ser pertence ao indivíduo, e buscar esse ideal depende diretamente de sua capacidade e de seu empenho. O indivíduo cresce acreditando que basta trabalhar arduamente para alcançar as "alturas".

A compreensão do fracasso como a não realização dos ideais surge em uma sociedade competitiva, sem limitações e que atribui a responsabilidade do que se é ao próprio indivíduo. Se há uma responsabilidade do indivíduo por sua vida, é imperioso, então, conseguir por si só conquistar tudo aquilo que engrandece o ser para, assim, ser reconhecido como indivíduo. Se adquire sucesso em seus projetos é porque obteve êxito em seus esforços e, por isso, é digno de mérito. Porém, se não atinge seus objetivos, é porque não fez por merecer.

176 Fama

Nesta pesquisa, observa-se que a busca pelo sucesso é componente central para todos os indivíduos; além do mais, vê-se que, para eles, a fama traz o reconhecimento de que se conquistou sozinho, com capacidade própria, esforço e determinação. É a certificação de seu talento. Esse desejo de ser reconhecido por seu esforço e talento deve ser apontado como um aspecto da fama buscado pelos participantes da pesquisa.

> O reconhecimento é o retorno que você tem de que conseguiu alguma coisa na vida, que se esforçou e conseguiu. Quando você alcança o teto, aquele patamar, só com reconhecimento. A gente faz pro público, e eles têm que reconhecer. A gente tem que conquistar alguma coisa por obrigação, senão, não vale pra nada o seu trabalho e todo seu empenho. [...] A fama seria a prova de que todo meu esforço, toda minha dedicação deu certo. Por isso eu almejo tanto. (Renã, 18 anos)

> Admiro muito a minha chefe, a Gisleine. Ela é bastante conhecida aqui em Brasília... Ela é uma mulher realmente batalhadora. Essa é uma pessoa que realmente que não tem limites, é uma mulher e tanto... e sozinha, faz tudo sozinha, por si mesma, com muito esforço. É uma mulher incrível. Isso eu queria pra mim. (Eliana, 24 anos)

Na sociedade capitalista, cada qual empenha uma luta individual para "subir na vida", uma vez que se vende a ideia de que o indivíduo pode ser tudo o que deseja, bastando esforçar-se. Theodoro (2004) utiliza-se de revistas de comportamento e da literatura de autoajuda como um indício da existência da promoção da democratização das condições de acesso a um *status* social superior na atual sociedade capitalista. A autora afirma:

> A visão de mundo divulgada por essas publicações atribui o "fracasso", isto é, a incapacidade de um indivíduo ascender à classe social dominante ao fato de ele não pôr em prática as "receitas" para o sucesso, colocadas à disposição do público. (p. 14)

A mídia televisiva, bem como uma literatura[5] visivelmente crescente a partir do ano 2000, ensinam a ter um

---

[5] BRAGA, R., & CURY, A. (2003). *Dez leis para ser feliz.* Rio de Janeiro: Sextante; CANFIELD, J., HANSEN, M. V., & HEWITT, L. (2005). *O poder do foco: o caminho certo para atingir suas metas empresariais, pessoais e financeira.* São Paulo: Best Seller; CARNEGIE, D. (2003). *Como fazer amigos e influenciar pessoas.* Rio de Janeiro: Nacional; CERBASI, G. P. (2003). *Dinheiro: os segredos de quem tem.* São Paulo: Gente; CLAIRE, O. (2004). *302 técnicas irresistíveis para enlouquecer um homem na cama.* Rio de Janeiro: Ediouro; COPELAND, D. (2000). *Como se dar bem com as mulheres.* Rio de Janeiro: Record; COVEY, S. R. (2000). *Os 7 hábitos das pessoas altamente eficazes.* São Paulo: Best Seller; COVEY, S. R. (2005). *O 8º hábito: da eficácia à grandeza.* Rio de Janeiro: Campus; DAMANTE, N. (2003). *Fama: como se tornar uma celebridade.* São Paulo: Matrix; DAVIS, P. (2001). *Seja irresistível: segredos para vender sua imagem.* São Paulo: Best Seller; DENT, F. E. (2002). *Influencie pessoas em apenas 1 hora.* São Paulo: Nobel; ELFFERS, J. & GREENE, R. (2000). *As 48 leis do poder.* Rio de Janeiro: Rocco; FISCHER, M. (2004). *Celebridades: manual básico para identificar (ou se tornar) uma pessoa famosa.* Porto Alegre: RBS; GRANT, S. (2004). *48 horas para uma vida mais saudável.* São Paulo: Best Seller; HALPERN, A., & FRANCIATTO, C. (2001). *Desta vez eu emagreço!* Rio de Janeiro: Record; HARTMAN, C. (2003). *Mais terapia do bem-estar.* São Paulo: Paulus; HERALD, J. (2005). *Atitude! 2: o que você está esperando?* São Paulo: Fundamento; HILSDORF, C. (2003). *Atitudes vencedoras.* Senac; KOUZES, J. M., & POSNER, B. Z. (2003). *O desafio da liderança.* Rio de Janeiro: Campus; LOWNDES, L. (2004). *Como fazer todo mundo gostar de você.* Rio de Janeiro: Record; MARTINS, V. (2004). *Seja assertivo! Como conseguir mais autoconfiança e firmeza na sua vida profissional e pessoal.* São Paulo: Alegro; MILLER, J. G. (2005). *Você é mais capaz do que pensa.* Rio de Janeiro: Sextante; POST, P. (2005). *Do que as mulheres gostam: etiqueta essencial para homens.* São Paulo: Gente; RIBEIRO, L. (2005). *Enriquecer: ambição de muitos, realização de poucos.* Belo Horizonte: Leitura; SAGGIORO, K. (2002). *Emagrecer: soluções práticas.* São Paulo: Fundamento; SAINT-LOUP, M. (2000). *177 maneiras de enlouquecer uma mulher na cama.* Rio de Janeiro: Ediouro; SCHLESSINGER,

178 FAMA

corpo esbelto, ser sexualmente atraente, ser um empresário de sucesso, obter êxito no desempenho sexual, ter muitos amigos, ser uma pessoa de influência, ganhar dinheiro e ter fama. Além disso, inúmeros produtos de consumo são lançados com a promessa de realizar tudo aquilo que os meios de comunicação de massa ensinam a querer e fazer. Restam somente a vontade e o empenho do indivíduo para realizar--se com sucesso.

Com as diversas possibilidades de "subir na vida" oferecidas aos indivíduos, inclusive a de chegar à fama rapidamente, muitos tornam-se famosos por algum feito que não necessariamente implique talento. Foi visto que os entrevistados exigem mostrar seu talento, seu empenho, seu esforço mesmo após ter alcançado a fama. Sugere-se que essa seja uma forma de se diferenciarem daqueles que adquirem fama fácil. Nos dias de hoje, ser uma celebridade é acessível para todos, muitas pessoas chegam aos seus "quinze minutos de fama" e por ela passam; com isso, há a necessidade de mostrar-se talentoso, capaz e merecedor da fama.

Dessa forma, foi possível observar ainda que, para os participantes desta pesquisa, não basta ser famoso; é preciso destacar-se entre aqueles que são famosos. Não basta ser bonito; tem que ser bom naquilo que faz, ter talento e ser inteligente. Isso aponta para a busca de um ideal de perfeição absoluto em que é preciso ser tudo.

> Acho legal esse *status* que um ator e um modelo têm. É bem diferente de ser médico. Pode ser superficial, mas é perfeito. A gente

---

L. (2005). *Do que os homens gostam.* Rio de Janeiro: Sextante; SOUZA, C. (2003). *Você é do tamanho de seus sonhos.* São Paulo: Gente; UCHOA JR., J. (2004). *Só é gordo quem quer.* São Paulo: A Girafa; entre outros.

vende a perfeição. Eu acho... no caso, você tem que ser perfeito pra vender a perfeição, e as pessoas acham que você é perfeito por isso. (Renã, 18 anos)

O mais valorizado socialmente e idealizado é aquele que, em condições limitadas, empenhou-se e conseguiu chegar a ser alguém por seu esplêndido talento. Se "fazer" por si mesmo faz parte do ideal social e, por isso, é buscado pelos participantes desta pesquisa. Esse dado vai de encontro ao conceito de Freud (1908/1996) de moral *sexual civilizada*, em que o ser humano dirige sua libido aos modelos ideais da civilização e daí extrai prazer. Freud (1914) afirma que os ideais a serem buscados são um modo de obter aprovação no meio social e amor do outro.

Gosto de estar construindo minha carreira. Quero chegar à fama como uma conquista minha, sabendo que eu fiz o que pude, que fiz por merecer. Lógico que, como falei, é muito bom alguém chegar e te levar e você saber que é aceita, que gostam de você, mas depois quero fazer por mim mesma, porque sou capaz, quero lutar sozinha e chegar lá com mérito. (Laura, 18 anos)

Ser bem-sucedido é ser reconhecido por seu próprio esforço. [...] Se eu não conseguir isso, a fama, com meu próprio esforço, eu não vou conseguir me concentrar em outra coisa. É uma questão de realização mesmo; é prioridade essa realização profissional. Pra mim, sem fama não serve. (Maurício, 24 anos)

Eu faria escândalos, mas desde que isso também mostrasse meu desempenho. Pode ser depois, mas tem que mostrar o que

180 FAMA

sou, meu trabalho. Quero ser reconhecida pelo meu trabalho, ser notada. (Ana, 21 anos)

Embora exista um desejo de mostrar sua capacidade, observa-se que Ana, apesar de valorizar seu esforço e querer obter a fama pelo reconhecimento de seu empenho, expressa o desejo de ter seu talento e sua beleza descobertos, deseja que notem o quanto ela é especial sem que ela precise se esforçar para isso:

> Não sei... acho que a vida toda eu sempre esperei que alguém chegasse, me pegasse e me levasse. É isso mesmo. Eu dizia 'não quero', mas queria que me levassem mesmo, queria ser levada. (Ana, 21 anos)

Laura também deixa transparecer seu desejo de ser notada em seu talento antes que ela necessite mostrar-se:

> Eu nunca falo que sou modelo. Eu espero que as pessoas adivinhem, quando as pessoas me abordam e falam: 'Nossa, você é muito bonita. Por que você não é modelo?'. E aí e eu falo que sou modelo. Quero que as pessoas olhem pra mim e vejam que eu sou modelo. (Laura, 18 anos)

Porém, em outro trecho de seu discurso, ela demonstra que valoriza o próprio esforço na conquista daquilo que deseja:

> Eu não queria que me vissem como aquela bonitinha que ganhou o concurso, mas sim: 'olha como ela desfila bem, olha como ela fotografa bem, olha tudo que ela fez pra chegar lá, como ela se esforçou e tudo que conseguiu sozinha'. Isso sim me deixaria muito mais realizada. (Laura, 18 anos)

Todos os participantes desta pesquisa demonstram que querem ser vistos como pessoas que se empenharam e trabalharam pra chegar à fama, porém, ao mesmo tempo, expressam o desejo de ser admirados simplesmente pelo que são, sem necessidade de empenhar-se em mostrar seu talento. Em conformidade com essa observação, Horney (1950b/1966) afirma que a ideia de que a admiração e o encantamento podem ser obtidos sem qualquer iniciativa ou esforço compõe tendência narcísica. Apenas Milena relata explicitamente o desejo de ser reconhecida, sem necessidade de demonstrar qualquer talento ou dedicação.

> Não penso em fazer curso de teatro, canto, nada. Você entra no BBB e você vai ser reconhecida não por alguma coisa que você faz ou fez; você vai ser reconhecida porque você estava ali, você participou e pronto, não porque você é uma cantora, alguma pessoa que fez, um atleta ou coisa assim. Isso é mais encantado, é mais glamuroso, me chama mais a atenção. (Milena, 25 anos)

Nesse desejo de ser reconhecido somente por estar ali, percebe-se um forte conteúdo idealizado. A imagem idealizada da fama pressupõe que o indivíduo é lindo, elegante, desejado e inteligente: "Vou ser muito admirável [*sic*], linda, maravilhosa, uma pessoa doce" (Laura, 18 anos). Há um mérito implícito: "Todo aquele que é famoso algum mérito ele teve" (Maurício, 24 anos), ser famoso pressupõe que se é especial, por isso, imagina-se que não é necessário esforçar-se para mostrar-se importante. O desejo da fama implica um desejo de ser admirado simplesmente por existir.

Nessa ambiguidade, de um lado, há um anseio em corresponder a um ideal social perfeito e absoluto e, com isso,

182 FAMA

ser admirado. O esforço aparece aqui como uma busca da realização do ideal de ego, como diz Freud (1914/1974), em que o sujeito só será amado se corresponder àquilo que os outros esperam que seja. De outro lado, expressa-se o desejo de ser reconhecido por todos como tão maravilhoso que nada mais é preciso fazer. Os participantes apresentam aqui um desejo de resgate do ego ideal, descrito por Freud (1914/1974) como um momento em que o bebê vivencia o amor incondicional de sua mãe. Na busca da realização do ego ideal, visualiza-se ser amado pelo que se é, ser a imagem perfeita de seu próprio eu, em que se encerra a si mesmo e nada falta, em que há uma completude do ser que se basta unicamente por sua existência. Ambos os casos, tanto na busca do ideal de ego quanto na do ego ideal, apontam para um desejo infantil narcísico de ser tudo para o outro e obter amor incondicional. Evidencia-se que a busca pelo ideal de ego contém idealizações e, nesses termos, conforme defende Freud, faz referência ao ego ideal.

É convindo esclarecer ainda que os participantes, quando declararam o desejo de serem reconhecidos por sua capacidade e empenho, expressavam uma conformidade com a realidade; enquanto o desejo mais genuíno era de serem descobertos em sua magnitude, este era tido reconhecidamente como algo fantasioso e difícil de ocorrer, embora maravilhoso e encantador. Desse modo, indica-se que, para os sujeitos entrevistados, prevalece o desejo de realização do ego ideal.

Dentre os sujeitos entrevistados, Maurício é o único que relata desejar ser reconhecido somente por seu talento em sua profissão como músico, dando maior ênfase a seu esforço. Os demais participantes declaram diversas possibilidades de conquistar a fama, tornando mais claro o desejo primordial de ser famoso predominantemente à função que vão exercer para chegar à fama. O relato de Maurício poderia levar ao pensamento equivocado de que a fama desejada seria apenas uma consequência de seu trabalho, porém, em diferentes trechos de sua fala, transparece que a ele não basta ser um bom músico, ganhar muito dinheiro e não ter a fama. Pela análise de seu discurso, evidencia-se assertivamente que seu objetivo último é chegar ao auge da fama, porém, como músico, que é aquilo em que ele se empenha desde pequeno.

Apesar do esforço que faz questão de mostrar, Maurício também expressa o desejo de ser reconhecido por possuir um grande talento e capacidade "naturais"; assim, o esforço está em fazer-se visto e em ser reconhecido em seu magnífico talento nato.

AMBIGUIDADE NARCÍSICA

Narcisismo, como já foi visto, é uma denominação utilizada para descrever a volta da libido para o próprio eu, nutrindo grande amor por si mesmo. De acordo com Freud (1914/1974), os indivíduos com um funcionamento narcisista repetem comportamentos de engrandecimento de si, investem e acreditam em sua beleza, inteligência e na imagem que desejam mostrar ao outro, a fim de obter seu elogio e sua veneração. Acreditam que são talentosos e especiais e necessitam de um outro que, simplesmente, o comprove com seu olhar de admiração. Foi identificado que

184 FAMA

os participantes desta pesquisa apresentam tais comportamentos considerados narcisistas.

> Saber que mereço e não ser reconhecida no meu talento... fico chateada, ia achar que alguma coisa está acontecendo, mas a culpa não é minha. Mas vou pensar que os outros é que são culpados. Eu tenho talento, é ele que não sabe reconhecer, perceber. (Eliana, 24 anos)

> Meu dia vai chegar, porque eu estou lutando pra isso, só não deu ainda por falta de sorte. Isso depende de sorte mesmo; ninguém que está lá é melhor do que eu. Eu tenho talento, nasci pra isso, gosto de coração e sei que vou ser famosa. Ainda vão reconhecer meu talento. (Adriana, 25 anos)

> Eu sou bom, mas ainda não sou reconhecido, mas vou ser. Vou provar que sou, todos vão saber que sou. [...] Me vejo muito esforçado, uma pessoa que está no caminho certo, mas às vezes meio perdido, com muitas ideias e produzindo muito. Talentoso, com certeza, e por isso mereço a fama. (Maurício, 24 anos)

No momento em que os sujeitos relatam não ter ídolos e desejar serem eles mesmos em seu melhor, torna-se evidente o quanto preferem a si mesmos e o quanto creem em seu próprio talento diferenciado. Desejam ser seu próprio ideal, buscando igualar-se ao ego ideal narcísico[6].

> Eu falava: "Ela fez, mas ficou ruim; eu faço e faço melhor". É prepotente, sei lá o quê. Mas sei lá... acho que toda pessoa que

---

[6] Ver item "A idealização da fama e o desejo da imagem ideal", p. 144.

tem talento, ela sabe que tem e acaba fazendo isso mesmo, de analisar, julgar, criticar. (Ana, 21 anos)

Não tenho ídolos. Mas admiro aqueles que são bons profissionais. Não me espelho em ninguém. Não quero ser, por exemplo, uma Gisele. Quero ser a Laura no auge de sua carreira; quero ser eu mesma. Eu admiro quem tem objetivos na vida. Eu, se precisar, largo tudo e vou atrás. (Laura, 18 anos)

Não tem uma pessoa que venha na minha cabeça, que eu queria ser desse jeito. Eu queria ser eu numa mistura de muita coisa. (Milena, 25 anos)

Querem ser o melhor de tudo e de todos, ser famosos, conquistar a admiração e os elogios dos demais, ser amados ilimitadamente e engrandecer seu amor-próprio; desejam ser a imagem ideal de perfeição.

Não somente esse lado bem conhecido do narcisismo é evidenciado no discurso dos participantes, mas, em contraposição, há também uma forte insegurança e um desvalor, os quais certamente impulsionam a procura por objetos externos que amenizem tais sentimentos desprazerosos. Freud (1930 [1929]/1974) defende que a fantasia narcísica, em que há uma idealização do próprio eu, é criada como um meio de evitar o sofrimento trazido pelas frustrações da realidade. A busca pela imagem ideal remete a uma defesa contra a desestruturação do ego.

O desenvolvimento de um ego idealizado, segundo Horney (1950a/1966), surge como a tentativa de solucionar um conflito para tranquilizar a ansiedade. A busca

186 Fama

narcísica é uma defesa contra um desprezo sentido por si mesmo; assim, desenvolve-se um ego idealizado na tentativa de negar as próprias fraquezas, configurando o que deseja ser e expelindo aquilo que não deseja em si mesmo. Há um desejo de transformar-se em um ser supremo de sua própria criação e de não mais conviver com as características que não agradam. Nesse mecanismo, em que há um ego idealizado, há também, em contraponto, um eu real, que é renegado[7]. Afirma:

> O eu glorificado transforma-se, então, não apenas num fantasma que se persegue, mas, também, num padrão de comparação do eu existente. É claro que, quando comparado com uma perfeição

---

[7] Na tentativa de eliminar tudo aquilo que lhe é desagradável em seu próprio ser, observam-se alguns extremos de mudanças corporais, que se mostram cada vez mais em evidência nas cirurgias plásticas. O modelo corporal ideal organiza o comportamento dessas pessoas, que se sujeitam a intensos sofrimentos físicos em troca de uma imagem ideal. Captando o crescente interesse em cirurgias plásticas, foi criado em 2002 um programa televisivo chamado *Extreme Makeover* que permaneceu no ar até 2007. O programa exibia transformações radicais de pessoas que se submetem a diversas cirurgias plásticas, tratamentos, dietas, ginástica, aulas de moda, cabeleireiro, maquiagem, novo guarda-roupa, a fim de apagar todo e qualquer defeito que acreditam ver em seu próprio corpo. O programa de televisão produzido pela MTV norte-americana *I Want a Famous Face*, que teve sua estreia em 2004 e foi por um período exibido também no Brasil, é similar. Nesse programa, as transformações são feitas com o intuito de deixar o fã o mais parecido possível com seu ídolo famoso. Os indivíduos desejam ser seu ídolo idealizado e se dispõem a modificar por completo seu próprio eu. Esses dois programas trazem, implicitamente, a possibilidade de "transformação", de ser outra pessoa. Evidencia-se, nesse tipo de programa, a importância que cada um desses indivíduos deposita nos padrões preestabelecidos de beleza ditados pela moda, pela mídia e pela sociedade, e constata-se a influência desses padrões em seus comportamentos. Considerar-se feio ou inaceitável por não corresponder ao padrão estabelecido pela cultura tem levado muitos indivíduos a uma busca incansável por modelos impostos pela sociedade, muitas vezes, indo contra suas características hereditárias e padrões próprios de cada corpo.

divina, esse eu não passa de uma visão tão desagradável, que só merece desprezo. (p. 121)

Como já foi visto, de acordo com Horney (1950a/1966), o desejo de conquistar a glória e de corresponder aos ideais traz consigo uma grande sentimento de insatisfação com seu eu real: "Ele consegue, assim, escapar ao doloroso sentimento de nulidade, modelando-se, em sua imaginação, como um indivíduo superior" (Horney,1950b/1966, p. 77). A autodesvalorização do eu é sentida quando se compara a seu ideal narcísico de perfeição. O eu real, claramente, apresenta-se como desagradável e desconfortável por este aparecer fortemente destoante daquilo que idealiza.

Orientando-se por uma imagem ideal, torna-se cada vez mais difícil aceitar-se tal como é. A realidade daquilo que se é torna-se desvalorizada e gera sofrimento para o indivíduo. Existe uma dor por não sentir-se valorizado pelos demais, uma vez que não se consegue corresponder aos próprios ideais e também aos padrões ideais de uma sociedade inteira. Há uma constante angústia, que tenta ser minimizada no furor desesperado de atingir os ideais.

Quando me elogiam me sinto muito bem, que sou capaz. Não ser notada é horrível, mas eu acho normal, porque isso acontece. É assim... você aprende a lidar com as situações. Eu me sinto muito insegura, não confio no meu trabalho. (Laura, 18 anos)

Vale tudo pra ficar linda e maravilhosa, com uma supermagreza. Aí você consegue muita coisa. Eu abro mão de alguns prazeres, sei lá, de comer um bolo, chocolate, pra ficar legal, pra me achar bonita. (Eliana, 24 anos)

188 FAMA

Foi observado que a autodesvalorização aparece nos momentos em que os sujeitos não são notados ou não são elogiados por sua aparência ou seu trabalho. Nota-se a necessidade de uma constante afirmação externa daquilo que se é ou se acredita ser para que a autoestima mantenha-se elevada. Como visto anteriormente, o outro exerce papel essencial na sustentação desses sujeitos.

Também foi possível perceber no relato de alguns participantes uma autodesvalorização presente desde a infância.

> Dentro da escola, as pessoas elogiavam, queriam vir atrás de você. Uma vez que fui uma adolescente frustrada, as pessoas corriam de mim. As meninas nunca queriam saber de mim; eu era feia, então isso é ótimo, você se sente a própria. Eu tive uma adolescência com trauma, de grupinhos não te aceitarem, preconceito e racismo... aí você é preta e tal. Então, a partir do momento em que acontece isso, caraca, você enche, você pisa na cabeça de todo mundo que te incomode. (Ana, 21 anos)

No discurso de Ana, clarifica-se a existência de uma necessidade de mostrar-se superior por um dia ter se sentido inferior. A busca pelos ideais e pela fama aparece como uma resposta a um sentimento primeiro de inferioridade. De acordo com o que Horney (1950b/1966, p. 179) chama de *triunfo vingador*: "[...] no indivíduo perfeccionista, prevalece a atitude de vingança em relação aos outros". A fim de abafar o sofrido sentimento de desvalor, Ana busca mostrar-se supervalorizada, assim como se descreve, e também não só deseja como necessita extrair dos outros afirmações e confirmações de sua grandiosidade.

Horney (1950b/1966, p. 179) afirma que nem sempre a atitude vingativa está presente; muitas vezes, somente o que se deseja é ser amado: "[...] uma pessoa narcisista pode gostar de ser maravilhosa e apreciar a admiração de que é alvo". Laura mostra uma preocupação desde a infância em não ser notada, expressando um sentimento de não ser capaz, não ser boa ou bonita o suficiente para ser vista e ser amada.

> Eu sempre quis ser modelo, mas não tinha coragem. Achava que não iam deixar, que não iam gostar de mim. Era uma preocupação mesmo de não me notarem, desde pequena. (Laura, 21 anos)

E, agora, o que ainda prevalece fortemente em seu desejo é ser notada, como uma forma de afirmação para si própria de que é admirada pelo que é, e negação de seu autodesvalor.

> Sempre pensei em ser modelo. Nunca pensei no dinheiro; não importava quanto eu ia receber e se ia receber. Eu queria estar lá, independente do que fosse, eu queria estar lá. Eu queria aparecer mesmo. É estranho eu me ver nessa situação, eu falar isso, mas é verdade. Mas a gente nunca para pra pensar por que está aí, "por que eu quero aparecer". É isso mesmo, sei lá... eu gosto de aparecer, me faz bem, me sinto bem, gosto das pessoas olhando. Tem muita gente que tá nisso, mas não tá nem aí; tá porque quer dinheiro; eu não... é porque eu gosto, me sinto bem, faço com prazer. Gosto de estar lá, de estar no meio. Sempre quis porque queria que me vissem, me notassem. (Laura, 18 anos)

Em todo o discurso, os participantes deixam transparecer seu autodesvalor, sem se darem conta de que isso contradiz a afirmação frequente de seus talentos e de serem pessoas especiais. Horney (1950a/1966) enfatiza que esse é

190 Fama

um processo inconsciente: o indivíduo desconhece a edificação de idealizações tanto quanto o poder destrutivo que nutre em relação a si mesmo.

Em diversos trechos das falas dos participantes foram identificadas formas de autodesvalorização, assim como de supervalorização do próprio eu. Essa ambiguidade contida no discurso deixa transparecer os dois lados de um funcionamento narcísico, conforme descrito por Freud e Horney (1950a/1966). Dessa forma, é possível dizer que os participantes desta pesquisa podem ser classificados como indivíduos que apresentam um funcionamento narcísico.

Para esses indivíduos, o narcisismo parece desenvolver-se como defesa a uma frágil valorização de si mesmo. Há uma necessidade de reconhecimento muito grande e insaciável, e, cada vez que esse reconhecimento não é obtido, emerge o sentimento de desvalor, que gera intenso sofrimento. É inaceitável lidar com suas limitações e frustrações, e, por isso, a busca pelos ideais e pela fama, que proporciona vivenciar esses ideais, torna-se uma obrigação constante como meio de evitar o desprazer de conviver com seu próprio desvalor.

Todo o mundo maravilhoso da fama e a plena felicidade que se imagina alcançar aparecem agora como fundamentais para o suporte desses indivíduos; assim, a obrigatoriedade em mostrar-se admirável e ser alguém na vida enuncia uma sofrida busca pela fama, segundo Horney (1950a/1966). Os sujeitos sentem-se mal consigo mesmos como são, com o que fazem e com o que conquistaram até hoje e, por isso, necessitam mostrar-se superiores a qualquer custo.

QUERO SER FAMOSO **191**

Sou nada autossuficiente. Preciso das pessoas; sou carente, bastante carente. Preciso das pessoas pra minha autoafirmação. (Renã, 18 anos)

É importante que as pessoas reconheçam meu talento, que faço tudo certinho; só assim vou ter certeza que sou boa mesmo. Só assim isso se torna verdade. Se não me reconhecem, droga, não fui boa o suficiente... você cai totalmente, fica infeliz consigo mesma, acaba não acreditando mais em você. É frustração geral mesmo, o mundo cai. Você, justamente, acha que é boa, fez tudo que poderia ter feito pra ter conseguido e não conseguiu, então 'não sou boa'. [...] Tem essa agonia que você sabe que não tem nada ainda e você quer muito, mas você não tem nada, então dá uma agonia porque você tem que alcançar aquilo. O tempo é cruel nessa carreira. Você sente o tempo passando e as chances vão diminuindo, então, sabe... é uma pressão, uma cobrança com você mesma. (Ana, 21 anos)

A realidade mostra-se dura demais e, por isso, necessita--se criar a ilusão de que se é especial e perfeito. Na busca da perfeição se experiencia uma violência contra si mesmo. Há, porém, um inegável prazer advindo desse sofrimento, que corresponde ao que o sujeito constrói para si mesmo na fantasia. Para Horney (1950b/1966), as ilusões fazem muito mais do que proporcionar satisfações substitutivas; elas impedem que o indivíduo seja inteiramente desestruturado. O desprezo daquilo que se é em busca do desejo de ser o ego idealizado traz, portanto, sofrimento e prazer: há um prazer contido em ser admirado e invejado, uma vez que encaminha o indivíduo à realização do ego idealizado.

Considerações finais

Na cultura das aparências, o exibicionismo é um modo de existência, conforme mostram os dados das entrevistas. Ser visto no espaço social é o que permite ao indivíduo sentir-se existir e dar significado a essa existência. Ser visto é a finalidade, e a fama é a forma de obter essa visibilidade. Um lugar de visibilidade social único e privilegiado é dado pela fama. É essa "fama pela fama" que parece ser buscada pela maioria dos indivíduos que desejam as mais diversas formas de "reconhecimento". Esse é o fenômeno da fama na contemporaneidade. Cultivar a imagem pessoal de sucesso, beleza, felicidade e conquistar a fama são meios para, no mínimo, adquirir a aparência que sustenta a existência diante dos demais. Há um impulso para adquirir cada vez mais produtos de consumo e usufruir tudo o que é oferecido como investimentos no eu. O *marketing* pessoal é o ponto central para garantir a visibilidade.

Em uma sociedade massificada, na qual se impõe o desejo de destacar-se, a busca da fama torna-se um valor a ser perseguido como forma de existência e afirmação da identidade. No outro oposto, aquele que não obtém um

194 Fama

lugar de destaque social, ou seja, não chega à fama, vive o desconforto de sentir-se nada, de ser apenas mais um na multidão, carrega consigo o sentimento de fracasso e de insignificância das massas.

Os sujeitos entrevistados desejam ser diferentes da massa – somente assim acreditam que serão "alguém". A fama seria, portanto, um meio de buscar estruturação de sua individualidade numa sociedade de massas, uma forma bem adaptada de adquirir a visibilidade considerada vital na sociedade contemporânea. Nessa sociedade, o homem é impelido a investir em si próprio e em sua particularidade. Existir como uma individualidade implica ser uma pessoa única, ou seja, diferente e destacada de toda a massa.

É difícil ser ou sentir-se valorizado sendo um simples anônimo – esse é o sentimento de muitos na sociedade atual, em que só é apreciado aquele que aparece e que está em evidência. Assim, no oposto, se não aparece é porque não é bom.

Sugere-se que a busca da fama, em evidência nos dias de hoje, esteja relacionada ao modo de vida individual que se instituiu na cultura atual. Todos se preocupam consigo mesmos, com a própria felicidade egoísta, com o próprio corpo e com os próprios desejos. Todos acreditam que são "o mais importante", ou ao menos querem ser. Pensam: "O que quero para a minha vida agora? E agora que já conquistei isso, como pode ficar melhor? Do quê ou de quem tenho que me livrar? De quê ou de quem preciso agora?" É essa preocupação individualista e egoísta que alimenta a cultura da celebridade.

Os diversos *reality shows*, assim como as inúmeras formas de exibição via internet, são um retrato da sociedade

Considerações finais   **195**

em que vivemos. Para ser valorizado é preciso mostra-se, é preciso ser visto. Vivemos numa sociedade de espetáculo, de aparências, em que o que vale é a imagem que você mostra ao outro. Se o valorizado, hoje, é aquele que aparece na mídia, nada mais banal que as pessoas buscarem a fama. Sendo assim, pode-se pensar a fama, devidamente, como uma resposta amoldada que sustenta o ser de cada um. São inegáveis o prazer e satisfação daqueles que obtêm essa visibilidade social – não há nada de errado nisso. O problema é que, em diversos casos, não conseguir a fama ou não obter visibilidade causa grande sofrimento ao indivíduo.

De outro lado, a mídia aberta aos anônimos nos faz acreditar na possibilidade irreal de que todos podem chegar ao estrelato – os conhecidos "quinze minutos de fama". Mas o famoso só existe se tem um público que o admire, portanto, não há lugar para todos na fama – não é possível ter mais gente no palco do que na plateia –, e na realidade pouquíssimos chegam lá.

Na sociedade individualizada, o anonimato inerente às massas e a falta de relações afetivas aprofundadas não permitem ao indivíduo uma sustentação que lhe garanta a continuidade de seu ser. Tanto o sentimento de existência quanto o sentimento de identidade encontram-se "fragilizados". A rapidez e o excesso de informações e possibilidades oferecidas, a ilusão de poder ser o que quiser e a liberdade dessa escolha inibem a formação de uma identidade definida. Há uma decadência da noção de sujeito como unidade identitária: este se transforma num ser fluido, fragmentado, decorrente da possibilidade de múltiplas experiências e projetos. Hoje, há sujeitos fluidos que se apresentam sob diversos modos de ser, diferentes modos de existir, com uma fragmentação e multiplicidade que produzem a proliferação de formas e diferentes modos de inventar a si mesmo.

O excesso de opções e possibilidades pode ser visto como uma das causas do sentimento de vazio existencial. Há um esvaziamento de sentido nos tempos atuais, em que as referências simbólicas não são bem definidas e sustentadas. Se há a possibilidade de ser tudo, o que, então, é importante ser? A escolha é sempre uma dúvida, uma angústia; o não saber dificulta a formação de um sentimento de ser sólido e integrado.

Uma das características comuns entre os indivíduos entrevistados é a grande vulnerabilidade às exigências da sociedade, ou seja, ser aquilo que o outro deseja. Uma vez que a fama só existe com o olhar de admiração advindo de um outro, esse outro torna-se peça essencial na conquista da fama. Os ideais e as exigências de uma cultura serão buscados de forma a obter a admiração dos demais e, assim, colocar-se acima da massa. Para obter a fama, faz-se necessário a conquista de um público.

Quando falamos de fama, falamos de questões que envolvem o narcisismo de todo ser humano. De certo modo, todos nós queremos e necessitamos de reconhecimento. O que é esperado e faz parte de um bom desenvolvimento do indivíduo é ser valorizado e reconhecido por outro ser humano. É pelo olhar de reconhecimento do outro que formamos nossa autoestima, mas aqui estamos falando de algo diferente. A fama, nos moldes de hoje, é um fenômeno novo; não se pode afirmar que o desejo de se tornar uma

CONSIDERAÇÕES FINAIS **197**

celebridade seja intrínseco ao ser humano. O desejo de tornar-se célebre, hoje presente na maioria dos indivíduos, denuncia o desejo de conseguir a admiração dos demais. A relação com o outro parece ser permeada por um desejo profundo de tornar-se importante.

Capturado no laço narcísico, o indivíduo investe em práticas ilusórias de satisfação, como rumo à perfeição do corpo e à imagem perfeita de si mesmo, na tentativa de ser venerado por um outro e, assim, encontrar sentido para sua existência. Sentir-se existir através da fama remete a um desejo infantil narcísico de ser absoluto para o outro, ser único, o melhor. Nessa dinâmica só há lugar para um, consequentemente, o outro é apenas um objeto de sustentação desse indivíduo. Esse exagero é que não pode ser considerado saudável.

O narcisismo caracteriza-se não somente por uma volta de amor a si, mas também pelo desejo de ser amado. Dessa forma os investimentos em si são necessariamente expostos a um outro, com o qual estabelece uma relação de dependência. Conforme afirma Lipovetsky (1983/2005), não apenas a paixão do conhecimento de si está presente no narcisismo, mas também a paixão de revelação íntima do eu. Dessa forma, as relações desses indivíduos encontram-se prejudicadas, bem como as formas de buscar e encontrar satisfação na vida.

Constata-se que as primeiras identificações dos entrevistados não foram bem sustentadas, mas estruturadas a partir de figuras idealizadas. Foram recolhidas referências constantes (ainda que inconscientes) a fracos enlaces familiares desde a infância e espelhamentos em modelos ideais

198 FAMA

distantes do núcleo familiar. Supõe-se que o processo de identificação influi na formação do desejo de obter a fama. Há, inegavelmente, um deslumbramento com as celebridades. Aonde chegam prendem a atenção de todos. Estar na mídia é tornar-se um semideus, é encarnar o ideal, é ser admirado por todos. Realmente, a fama dá esse poder, que é o poder de nem precisar perguntar "Você sabe com quem está falando?". Isso faz algumas celebridades pensarem que podem tudo, com base naquela crença: "hoje em dia o que é bom é o que aparece". É claro que esse é um pensamento equivocado, principalmente numa época em que vale tudo para aparecer, mas não podemos negar que ele impera na sociedade de hoje.

Mas, mesmo dando algum poder a algumas pessoas, ainda há muita idealização da fama. Ela ganha superpoderes na fantasia. No discurso dos indivíduos entrevistados, a fama aparece como algo totalmente idealizado. Para aquele que quer a fama, a ideia da liberdade, de fazer tudo o que se deseja, está presente. Ter a fama é como estar acima dos simples anônimos submetidos aos limites, é poder gozar de tudo o que há na vida, sem limitações; é poder tudo ser, ter ou fazer. Imaginam que sendo famosos serão tratados com atenção especial, poderão frequentar restaurantes sem pagar, trabalhar quando quiserem, fazer o que quiserem e quando quiserem, burlar a lei e, ainda assim, ser excepcionalmente admirados e desejados. É isso o que vemos alguns famosos fazendo... Essa imagem ideal seduz os que pertencem ao anonimato e os faz desejar estar nesse lugar, onde teriam a onipotência do narcisismo absoluto. E essa sedução não é apenas pelo desejo de ser famoso;

a fama vende porque mexe com o narcisismo das pessoas, estimula esse lado.

O público das campanhas publicitárias é estimulado a agir quase como um "minifamoso" no seu pequeno mundo particular, a ter a liberdade e o poder de atração que imagina nas celebridades. Nesse sentido, o ideal narcísico da fama age em todos nós, inconscientemente, enquanto público de campanhas publicitárias. Daí se percebe que fama, anúncios, revistas, negócios e fofocas andam juntos. Ao mercado interessa que haja celebridades. O desejo de fama é um desejo de diferenciar-se e fugir à insignificância atrelada ao anonimato.

Esse mundo encantado e glamuroso fascina a todos, mas é interessante perceber nesse fato o quanto essa imagem de plena felicidade é oferecida às pessoas. Não somente a estética do corpo, a capacidade intelectual ou a riqueza são ideais contemporâneos; o bem-estar e a felicidade também surgem como algo que se deve ter para se encaixar nesse ideal de homem. É bem verdade que os famosos vendem uma imagem de viver num mundo aparentemente perfeito, uma aparente felicidade; contudo, muito disso é somente aparência, que, por sua vez, seduz e torna-se objeto de desejo de muitos indivíduos.

O que se deseja concretizar com a fama é esse ideal de perfeição, quando o famoso se torna endeusado. Os indivíduos que desejam a imagem idealizada da fama, que inclui uma imagem amplamente idealizada de si mesmo, vivem em uma fantasia narcísica irrealizável. O termo *idealização* já pressupõe o inatingível – ideais são guias, mas aos quais nunca se chega. Lidar com as impossibilidades é sempre

200 Fama

frustrante, mas no dia a dia temos que lidar com ela, em vez de negar as frustrações e tentar criar um mundo ideal, evitando contato com as próprias imperfeições.

O desejo de fama pode ser compreendido por encarnar importantes ideais contemporâneos, como deslumbrante beleza, sucesso, inteligência inigualável, capacidade, saúde, intensos relacionamentos amorosos e até a felicidade. É a imagem de perfeição na sociedade atual, por trazer consigo o máximo de reconhecimento possível e oferecer a possibilidade de sair do anonimato das massas. A exaltação de si, o prestígio conquistado e a veneração por um público exalam um sentimento de glória e endeusamento tão requerido àqueles que se espelham em idealizações.

O processo identificatório não ocorre na dimensão do ideal de ego, mas é buscado em sua dimensão imaginária, como ego ideal. Os participantes buscam estabelecer seu próprio ideal. Nota-se uma identificação do sujeito com a representação imaginária de si mesmo. Assim, para os sujeitos entrevistados, prevalece o desejo de realização do ego ideal.

O ego sofrerá inevitáveis frustrações ao estabelecer contato com a realidade, uma vez que se encontra idealizado. O indivíduo necessitará proteger-se por meio das fantasias construídas de si próprio e da negação do real que lhe traz sofrimento, por desconstruir sua imagem idealizada.

As autoexigências direcionadas para a realização do ego ideal evidenciam a presença de rígidas cobranças superegoicas, o que parece ser uma formação consequente de identificações infantis com figuras idealizadas. O dever em realizar o ego ideal indica que o superego está envolvido no processo de busca narcísica. Tanto a volta narcísica quanto um superego severo parecem estar presentes no funcionamento de um indivíduo que busca a fama.

A busca pelos ideais e os investimentos narcísicos observados nos indivíduos entrevistados denotam uma grande luta solitária, que objetiva ser diferente, ser "alguém" na vida. Assim, evidencia-se o sofrimento em cumprir com esses deveres autoimpostos para a realização do sucesso.

Na sociedade contemporânea, o desejo de ser famoso deixa transparecer uma exacerbação da busca pela realização pessoal e pelo engrandecimento do próprio eu, que se tornam uma necessidade sem limites, por trazer uma inegável satisfação na possibilidade de afirmar-se como indivíduo. Contudo, há também a angústia de não conseguir ser o que se deseja. A identificação deste paradoxo leva a considerar que os indivíduos entrevistados apresentam um funcionamento narcísico.

A investigação do discurso dos sujeitos denota um forte sentimento de autodesvalor na busca da fama. Se, de um lado, verifica-se uma autoinsuflação narcísica, de outro, o indivíduo despreza seu próprio eu na medida em que idealiza um eu demasiadamente distante da realidade. Ter um desejo tão imenso de algo tão idealizado como a fama certamente traz grande sofrimento quando não realizado. A discrepância entre aquilo que se idealiza e a realidade faz com que o indivíduo se sinta sem valor, um fracassado.

A partir desse sentimento, cria-se a obrigatoriedade em cumprir com os deveres e realizar aquilo que se idealiza. Deve-se pontuar que o desejo de igualar-se ao modelo idealizado, atingir a perfeição e, enfim, conquistar a fama gera descontentamento constante com o próprio eu

202 FAMA

e consequente sofrimento para o indivíduo. Uma vez tida como necessidade, implica sofrimento na busca de obter o olhar de admiração de um outro e leva a um sofrimento muito maior diante das pequenas frustrações. Assim, as conquistas que se obtêm na vida não são desfrutadas e vividas como momentos de felicidade.

O indivíduo com um funcionamento narcísico acredita em sua grandiosa importância e necessita da fama para provar sua onipotência e se fazer existir. Há uma ambiguidade no narcisismo; o indivíduo considera-se demasiado importante e, nos momentos em que a realidade não lhe traz provas disso, surge o sentimento de não ser nada. Por isso, necessita de constantes confirmações daquilo que imagina ser.

Conforme afirma Berry (1987/1991), o sentimento de existência, bem como o de identidade, quando instáveis, levam o indivíduo a investir em si próprio, a fim de resgatar o sentimento de existência através do olhar do outro.

Os sentimentos presentes nos indivíduos estudados sugerem que a busca da fama, dos ideais e de todos os investimentos narcísicos aparecem como uma forma de defesa contra algo que traz sofrimento para o indivíduo, como o autodesvalor e um inconsistente sentimento de existência. O narcisismo como forma de defesa parece amenizar o sentimento desagradável de sentir-se nada ser, contudo, não o elimina. A luta para manter-se conforme o que idealiza também gera sofrimento. Freud (1917 [1916-17]/1996b) afirma que, na neurose, há um ganho que, no entanto, não cessa o sofrimento.

É importante esclarecer que a busca da fama, nos termos descritos neste livro, é um comportamento que pode ser

CONSIDERAÇÕES FINAIS **203**

considerado neurótico, de acordo com a descrição de Horney (1950a/1966), uma vez que propicia certo sofrimento na busca interminável pela imagem idealizada da fama; entretanto, não deixa de ser um modo de defesa satisfatório para lidar com a realidade social da qual os indivíduos contemporâneos compartilham. Essa afirmação não significa que a sociedade apresenta uma psicopatologia.

Este livro buscou refletir sobre as novas formas de relações que se estabelecem na atual sociedade e as novas formas de subjetivação. O modo de relacionamento mediado por imagens parece predominar, o que cria certo distanciamento das relações mais íntimas. Os investimentos em si próprio na construção de uma imagem exibem as individualidades como um valor social, deixando de lado a preocupação com o outro e impedindo o reconhecimento desse outro.

Hoje, a fama diz respeito a uma necessidade de ser admirado por um número muito grande de pessoas, quando o que deveria importar é ser valorizado pelas pessoas de convívio mais próximo, aquelas que realmente nos conhecem. Além disso, quem busca essa fama não quer só ser admirado, quer também ser invejado, como dizem os entrevistados, o que implica necessariamente um desejo de sobrepor-se ao outro, de causar nele alguma emoção, embora nem sempre positiva.

Ao fazer afirmações sobre um fenômeno psicológico que ocorre numa certa sociedade, visa-se apenas compreender melhor os modos de subjetivação e os comportamentos dos indivíduos que compartilham da mesma cultura. É importante reconhecer que não é possível fazer generalizações.

Desse modo, afirmações simplistas tornam-se meras especulações que não levam a lugar algum. Cada caso se apresenta como único e individual e deve ser tratado conforme a história de cada indivíduo. A teoria tem sua importância como uma base para a compreensão de cada caso, sem, no entanto, cristalizar o indivíduo em determinada categoria teórica.

Como qualquer fenômeno social, devemos ponderar que a necessidade e a busca por fama, embora tragam certo grau de ansiedade e sofrimento, também apresentam seu lado positivo e bem adaptado. A valorização do indivíduo e de seus próprios desejos promove a reflexão constante de cada um sobre sua própria vida e direciona cada ser humano, em sua particularidade, para a satisfação dos próprios desejos, a realização pessoal e o encontro com a felicidade. Indo mais além, poderíamos iniciar uma reflexão a respeito de quais seriam as consequências deste fenômeno social – FAMA – positivas e negativas, a longo prazo, e qual seria o fenômeno social consequente, por sua vez, também bem adaptado e com suas ansiedades correspondentes.

Referências

Alonso, M. R. (2002). Os *flashes* da fama, egos e vaidades. *Veja São Paulo*, 35-38.

Alvarenga, D. (2005, 1 de julho). Adolescentes são denunciados por filmar e divulgar na internet cenas de sexo com namorada. *Último Segundo*. Acessado em 4 julho, 2005, em <http://ultimosegundo.ig.com.br/materias/brasil/2032001-2500/2032137/20321371.xml>.

Amorim, R., & Vieira, E. (2006). *Blogs* – os campeões de audiência: como os diários da Internet estão revolucionando a política, os negócios, a carreira, a cultura e as relações pessoais. *Época*. Acessado em em 10 agosto, 2006, em <http://revistaepoca.globo.com/Revista/Epoca/0,,EDG74959-6014-28,00.html>.

Bardin, L. (1995). *Análise de conteúdo*. Lisboa: Edições 70 – Brasil.

Bauman, Z. (2004). *La sociedad sitiada*. Buenos Aires: Fondo de Cultura Económica.

Berry, N. (1991/1987). *O sentimento de identidade*. São Paulo: Escuta.

Birman, J. (2000). *Mal-estar na atualidade*. Rio de Janeiro: Civilização Brasileira.

Bleichmar, H. (1985). *O narcisismo: estudo sobre a enunciação e a gramática doinconsciente*. Porto Alegre: Artes Médicas.

Borges, J. L.(1999). O indígno. In: *Obras completas*, volume II, (1952-1972). São Paulo: Globo, p. 433.

Burke, P. (2002). A história social dos clubes. *Folha de S.Paulo*, São Paulo, Caderno Mais, p. 3.

Campbell, J., & Moyers, H. (1993). *O poder do mito*. São Paulo: Palas Athena.

Castro, C. F. (2002). Voyeurismo online: contemplando a sociedade digital do espetáculo. *Revista Digital de Antropologia Urbana*, *1*(0). Acessado em 6 junho, 2005, em <www.aguaforte. com/antropologia/osurbanitas/revista/Voyerismo.html>.

Coelho, M. C. (1999). *A experiência da fama*. Rio de Janeiro: FGV.

Costa, J. F. (1994). *A ética e o espelho da cultura*. Rio de Janeiro: Rocco.

Clube da Luta [Fight Club], filme norte-americano de 1999, gênero drama, dirigido por David Fincher.

Da Costa, A. M. N. (1998). *Na malha da rede: os impactos íntimos da Internet*. Rio de Janeiro: Campus.

Damante, N. (2003). *Fama: como se tornar uma celebridade*. São Paulo: Matriz.

Debord, G. (1997/1967). *A sociedade do espetáculo*. Rio de Janeiro: Contraponto.

Dessuant, P. (1992). *O narcisismo*. Rio de Janeiro: Imago.

Dimenstein, G. (1997). Vítimas do sucesso. *Folha de S.Paulo,* São Paulo, Caderno 2, p. 05.

Dines, A. (2003). Em busca do outro: biografias e história de vida. *Revista Espaço Acadêmico.* Acessado em 5 julho, 2005, em <www.espacoacademico.com.br/028/28cdines.htm>.

Evans, A., & Wilson, G. D. (1999). *Fame: the psychology of stardom.* Londres: Vision.

Millôr, F. (2001). O perigo de você ir a 10 analistas é descobrir que tem 10 personalidades. *Folha de S. Paulo.* São Paulo, domingo, 25 de março de 2001. Acessado em 10 de agosto de 2005, em http://www1.folha.uol.com.br/fsp/mais/fs2503200120.htm.

Filho, F. A., & Propato, V. (2001). Tudo por um holofote. *IstoÉ, 1678,* 28-31.

Fischer, M. (2004). *Celebridades: manual básico para identificar (ou se tornar) uma pessoa famosa.* Porto Alegre: RBS Publicações.

Fotos no Ministério acabam em demissão (2004). *Folha de S.Paulo,* São Paulo, Caderno 5, p. 5.

Freud, S. (1968/1950 [1895]). Projeto para uma psicologia científica. *Edição Standard Brasileira das Obras Psicológicas Completas de Sigmund Freud* (v. I.). Organizador Jayme Salomão. Rio de Janeiro: Imago, p. 381-394.

_____. (1977/1900) A interpretação dos sonhos. *Edição Standard Brasileira das Obras Psicológicas Completas de Sigmund Freud* (v. V). Jayme Salomão (Org.). Rio de Janeiro: Imago, p. 361-725.

_____. (1996/1905). Três ensaios sobre a teoria da sexualidade. *Edição Standard Brasileira das Obras Psicológicas Completas de Sigmund Freud* (v. VII). Jayme Salomão (Org.). Rio de Janeiro: Imago, p. 128-217.

_____. (1996/1908). A moral sexual civilizada e a doença nervosa moderna. *Edição Standard Brasileira das Obras Psicológicas Completas de Sigmund Freud* (v. IX). Jayme Salomão (Org.). Rio de Janeiro: Imago, p. 167-188.

_____. (1996/1911a). Formulações sobre os dois princípios do funcionamento mental. *Edição Standard Brasileira das Obras Psicológicas Completas de Sigmund Freud* (v. XII.). Jayme Salomão (Org.). Rio de Janeiro: Imago, p. 233-246.

_____. (1996/1911b). Notas psicanalíticas sobre um relato autobiográfico de um caso de paranoia (*dementia paranoides*). *Edição Standard Brasileira das Obras Psicológicas Completas de Sigmund Freud* (v. XII.). Jayme Salomão (Org.). Rio de Janeiro: Imago, p. 15-92.

_____. (1996/1913). Totem e tabu. *Edição Standard Brasileira das Obras Psicológicas Completas de Sigmund Freud* (v. XIII.). Jayme Salomão (Org.). Rio de Janeiro: Imago, p. 13-168.

_____. (1974/1914). Sobre o narcisismo: uma introdução. *Edição Standard Brasileira das Obras Psicológicas Completas de Sigmund Freud* (v. XIV). Jayme Salomão (Org.). Rio de Janeiro: Imago, p. 85-122.

_____. (1996/1917[1915]). Luto e melancolia. *Edição Standard Brasileira das Obras Psicológicas Completas de Sigmund Freud* (v. XIV.). Jayme Salomão (Org.). Rio de Janeiro: Imago, p. 249-266.

_____. (1996a/1917 [1916-17]). A teoria da libido e o narcisismo. Em: Conferências introdutórias sobre psicanálise.

Edição Standard Brasileira das Obras Psicológicas Completas de Sigmund Freud (v. XVI). Jayme Salomão (Org.). Rio de Janeiro: Imago, p. 413-432.

_____. (1996b/1917 [1916-17]). Teoria geral das neuroses. Em: Conferências introdutórias sobre psicanálise. *Edição Standard Brasileira das Obras Psicológicas Completas de Sigmund Freud* (v. XVI). Jayme Salomão (Org.). Rio de Janeiro: Imago, p. 251-464.

_____. (1976/1920). Além do princípio de prazer. *Edição Standard Brasileira das Obras Psicológicas Completas de Sigmund Freud* (v. XVIII). Jayme Salomão (Org.). Rio de Janeiro: Imago, p. 13-78.

_____. (1976/1921). Psicologia de grupo e análise do ego. *Edição Standard Brasileira das Obras Psicológicas Completas de Sigmund Freud* (v. XVIII). Jayme Salomão (Org.). Rio de Janeiro: Imago, p. 79-156.

_____. (1976/1923). O ego e o id. *Edição Standard Brasileira das Obras Psicológicas Completas de Sigmund Freud* (v. XIX). Jayme Salomão (Org.). Rio de Janeiro: Imago, p. 13-86.

_____. (1976/1924). A dissolução do complexo de Édipo. *Edição Standard Brasileira das Obras Psicológicas Completas de Sigmund Freud* (v. XIX). Jayme Salomão (Org.). Rio de Janeiro: Imago, p. 215-226.

_____. (1974/1927). O futuro de uma ilusão. *Edição Standard Brasileira das Obras Psicológicas Completas de Sigmund Freud* (v. XXI). Jayme Salomão (Org.). Rio de Janeiro: Imago, p. 13-74.

210 Fama

_____. (1974/1930 [1929]). O mal-estar na civilização. *Edição Standard Brasileira das Obras Psicológicas Completas de Sigmund Freud* (v. XXI). Jayme Salomão (Org.). Rio de Janeiro: Imago, p. 75-174.

_____. (1996/1933a [1932]). A dissecção da personalidade psíquica. Em: Novas conferências introdutórias sobre psicanálise. *Edição Standard Brasileira das Obras Psicológicas Completas de Sigmund Freud* (v. XXII). Jayme Salomão (Org.). Rio de Janeiro: Imago, p. 63-84.

_____. (1996/1933b [1932]). Ansiedade e vida instintual. Em: Novas conferências introdutórias sobre psicanálise. *Edição Standard Brasileira das Obras Psicológicas Completas de SigmundFreud* (v. XXII). Jayme Salomão (Org.). Rio de Janeiro: Imago, p. 85-112.

Frutuoso, S. (2008). Fama pela fama. *IstoÉ, 2022*, p. 66.

Garcia, C. (2009). Com mais de 400 mil acessos no YouTube, Stefhany é o novo sucesso da Internet. *Último Segundo*. Acessado em 20 julho 2009, em <http://ultimosegundo.ig.com.br/cultura/2009/03/07/com+mais+de+400+mil+acessos+no+youtube+stefhany+e+o+novo+sucesso+da+internet+4555902.html>.

Grimal, P. (1997). Dicionário da mitologia grega e romana. 3.ed. Victor Jabouille (Trad.). Rio de Janeiro: Bertrand Brasil.

Hamburger, E. (2002). Os formatos da intimidade. *Folha de S.Paulo*, São Paulo, Caderno Mais, p. 18-19.

Horney, K. (1977/1937). *A personalidade neurótica de nosso tempo.* Rio de Janeiro: Civilização Brasileira.

_____. (1964/1945). *Nossos conflitos interiores.* Rio de Janeiro: Civilização Brasileira.

_____. (1966/1950a). *Neurose e desenvolvimento humano: a luta pela autorrealização.* Rio de Janeiro: Civilização Brasileira.

_____. (1966/1950b). *Novos rumos na psicanálise.* Rio de Janeiro: Civilização Brasileira.

Houaiss, A. (2001). *Dicionário Eletrônico Houaiss da Língua Portuguesa.* Versão 1.0. Rio de Janeiro: Objetiva.

Jabor, A. (2002). Reality shows matam fome de verdade. *O Estado de São Paulo,* São Paulo, Caderno 2, p. 4.

Kehl, M. R. (2004). Mulheres e autoestima. *AOL Notícias.* Acessado em 6 setembro, 2004, em <http://noticias.aol.com.br/ colunistas/maria_ rita_kehl/2004/0039.adp>.

Klein, M. (1974/1957). *Inveja e gratidão.* Rio de Janeiro: Imago.

_____. (1981/1975). *Psicanálise da criança.* São Paulo: Mestre Jou.

Klinger, K. (2005). Celebridades não têm profissão nem biografia. [Entrevista com Nélida Piñon]. *Folha Online.* Acessado em 21 julho, 2005, em <www1.folha.uol.com.br/folha/ilustrada/ult90u51570.shtml>.

Kuspit, D. B. (1993). *The cult of the avant-garde artist.* Nova York: Cambridge University Press.

Lang, D. (1997). *Os novos segredos do carisma: como descobrir e libertar seus poderes ocultos.* Rio de Janeiro: Record.

Laplanche, J., & Pontalis, J. (1998). *Vocabulário da Psicanálise.* São Paulo: Martins Fontes.

Lasch, C. (1983/1979). *A cultura do narcisismo: a vida americana numa era de esperanças e declínio.* Rio de Janeiro: Imago.

212 FAMA

Lipovetsky, G. (2005/1983). *A era do vazio: ensaio sobre o individualismo contemporâneo*. Barueri: Manole.

_____. (1992). *O crepúsculo do dever e a ética indolor dos novos temposdemocráticos*. Lisboa: Publicações Dom Quixote.

Loturco, R. (2002). Carisma – a atração ao alcance de todos. *Veja, 1764*, 44-50.

Martins, A. C. (2001). Em busca do sujeito contemporâneo. *Jornal do Brasil Online*. Acessado em 2 agosto, 2005, em <www.jfreirecosta.com/sujeito_contemporaneo.html>.

Mills, C. W. (1975). *A elite do poder*. Rio de Janeiro: Zahar.

_____. (2005). Primeiros contornos de uma nova configuração psíquica. *Caderno Cedes, 25*(65), 1-85.

Olhar digital (2012, 3 de maio). Brasil já é o segundo país com mais usuários no Facebook. Acessado em 11 de maio de 2013, em http://olhardigital.uol.com.br/jovem/redes_sociais/noticias/brasil-ja-e-o-segundo-pais-com-mais-usuarios-no-facebook.

Paiva, C. C. (1999). Experiência e comunicabilidade na era do virtual. *Revista Famecos, 10*, p. 104-116.

Registro de endereços na Internet desacelera em todo o mundo (2008). Globo.com. Acessado em 17 de fevereiro de 2009, em <http://g1.globo.com/Noticias/Tecnologia/0,,MUL936650-6174,00.html>.

Retrato de uma geração (2003). *Veja*, Edição Especial, p. 38-41.

Rey, F. G. (2002). *Pesquisa qualitativa em psicologia: caminhos e desafios*. São Paulo: Pioneira Thomson Learning.

Roudinesco, E. (2003). *A família em desordem*. Rio de Janeiro: Jorge Zahar.

REFERÊNCIAS **213**

Salomone, R. (2007). Donos das maiores comunidades do Orkut falam de fama e assédio. *Folha de S.Paulo*, São Paulo, Folhateen.

Sennett, R. (1998/1974). *O declínio do homem público: as tiranias da intimidade.* SãoPaulo: Companhia das Letras.

Sigmund Freud epistolario I (1873/1890 [1974]). Joaquin Merino Perez (Trad.). Barcelona: Plaza & Janes, S.A. Editores.

Smirgel, J. C. (1992). *O ideal do ego.* Porto Alegre: Artes Médicas.

Sodré, M. (1990). *A máquina de narciso.* São Paulo: Cortez.

Soifer, R. (1992). *Psiquiatria infantil operativa: psicologia evolutiva e psicopatologia.* Porto Alegre: Artes Médicas.

Souza, A. P. (2002). Tudo pela Fama. *Carta Capital*, ano VIII, n. 184, 56-59.

Theodoro, M. (2004). *A era do eu S.A.: em busca da imagem profissional de sucesso.* São Paulo: Saraiva.

Valladares, R. (2001). Pelo Buraco da Fechadura. *Veja, 1727*, p. 29-30.

Vilas, J. (2005). Os *blogs* começaram como diários virtuais, viraram mania de celebridades e agora revolucionam a comunicação. *IstoÉ Independente Online.* Acessado em 14 de agosto de 2005, em <www.terra.com.br/istoe/1863/ciencia/1863_tribuna_livre.htm>.

Winnicott, D. W. (1988/1945). Desenvolvimento emocional primitivo. Em: *Textos Selecionados: da pediatria à psicanálise.* Rio de Janeiro: Livraria Francisco Alves.

_____. (1983/1965). *O ambiente e os processos de maturação.* Porto Alegre: Artes Médicas.

214 FAMA

_____. (1994/1970). Sobre as bases para o self no corpo. Em: *Explorações psicanalíticas.* Porto Alegre: Artes Médicas.

_____. (1975/1971). *O brincar e a realidade.* Rio de Janeiro: Imago.

Zimerman, D. E. (1999). *Fundamentos psicanalíticos: teoria, técnica e clínica.* Porto Alegre: Artmed.

Impresso por :

Graphium
gráfica e editora

Tel.:11 2769-9056